SMART 智慧平台

成功度假地产攻略

SMART 度假地产专家委员会 编

同济大学 出版社
TONGJI UNIVERSITY PRESS

图书在版编目（CIP）数据

SMART 智慧平台：成功度假地产攻略 / SMART 度假地产专家委员会编 . -- 上海：同济大学出版社，2014.8
 ISBN 978-7-5608-5591-2

Ⅰ . ①S… Ⅱ . ①S… Ⅲ . ①旅游度假村 – 房地产开发 – 研究 – 中国 Ⅳ . ① F299.233

中国版本图书馆 CIP 数据核字 (2014) 第 185876 号

SMART 智慧平台
——成功度假地产攻略

SMART 度假地产专家委员会 编

出品人：支文军
责任编辑：秦蕾，孟旭彦
特约编辑：晁艳
责任校对：徐春莲
装帧设计：左奎星
版　次：2014 年 8 月第 1 版
印　次：2014 年 8 月第 1 次印刷
印　刷：上海雅昌艺术印刷有限公司
开　本：889mm×1194mm　1/32
印　张：8.5
字　数：228 000
ISBN：978-7-5608-5591-2
定　价：120.00 元
出版发行：同济大学出版社
地　址：上海市杨浦区四平路 1239 号
邮政编码：200092
网　址：http://www.tongjipress.com.cn
经　销：全国各地新华书店
本书若有印刷质量问题，请向本社发行部调换。
版权所有 侵权必究

Steven Hicks 序言

PREFACE

欢迎来到 SMART 智慧平台！

过去 18 年间，我一直在亚洲从事度假地产项目和理念的开发工作，也曾服务于世界顶级的旅游度假品牌。如今，面对中国欣欣向荣的度假地产发展势头，我认为是时候和这里的同行分享我的经验了。

SMART 度假地产全生命周期开发体系概念的提出，以及 SMART 度假地产专家委员会的成立，是我这匹业界老马与一位怀着雄心壮志的年轻人合作的结果。我们致力于将知识、能量、激情汇聚一处，构建出创新性的思维和方法，为新项目和团队提供支持，帮助其取得持久而积极的成果。

一个度假地产项目，在开发阶段显然需要知识和资源，也毫无疑问地需要一个非常清晰的步骤规划图。这个步骤规划图需要创建，不能复制。对于一家公司来说，雇佣资源去创建新项目投入巨大,尤其是,当项目进入运营阶段后,这些资源的效用就会降低。

通过四年来在中国的度假地产项目经验,我认识到,在中国,由于需求日益增长,许多项目均不乏资金和土地,也看到有些人有在已开发或新兴市场内做出成功案例的远见。我观察到的主要问题是,开发项目往往超出了土地资产的实际水平,并且不了解也不重视创建开发战略(S)的需求、不具备管理经验(M)或不具备重视开发项目总体规划需求的内部资源。我们必须了解建设混合用途综合体或度假地产过程中建筑设计(A)的细节和复杂性;重视需求研究(R)和投资定位的价值,以确保市场地位的可持续性,满足投资伙伴的需求。任何大品牌都会通过培训(T)的方式展现对人力资本价值的重视,以便获得新的品牌形象,因为关键的不是有多少可用资源,而是要树立起足以支撑自身硬件的品牌形象大使。所有成功的企业都有一个有别于其他的核心差异,就是,你能从他们的员工身上看到他们!有这样一句管理学名言:"链条的强度取决于它最脆弱的那一环"。你最重要的资产,是你的客户和团队。

我在职业生涯中有幸得到过一些大师的支持,获得他们的尊敬、智慧和信任。我从行业最底层起步,不断学习,一直到在世界各地操作度假酒店项目,尤其引以为荣的是澳门威尼斯人。这个项目以及其他一些项目的成功,要归功于我的团队,他们愿意与我共同努力,支持项目要求,理解项目愿景,也要归功于客户对我的信任,他们相信我能够带领团队去执行,去创建一个可以满足所有股东和利益相关方的商业模式。澳门威尼斯人创下了五大商业开发之最:全世界最大的赌场度假酒店(共有3 000间客房),最大的赌场,亚洲最大的展览中心(可接待5万人,容纳380个零售店),可容纳18 000人的室内体育馆,以及专门的娱乐表演场地。它每天可接待6万名参观者,每月可接待100万名客人。我当时对具体细节知之甚少,但幸亏有一个强大的团队,我们建造了迄今仍有"亚洲拉斯维加斯"之称的度假胜地。

不能通过复制或染指个人知识产权的方式来建设新项目或品牌——那种方式虽然常见,却是对个人知识产权以及公司的极大的不尊重。项目的品牌承诺需要靠明确的愿景、创新、诚实守信以及对团队和客户的信任来建立。他人的项目或品牌是以一个将所有方面融合在一起的团队为基础建立起来的,这样的产品之所以可以持久,是因为开发团队本身都是其利益相关方;如果盲目对其加以复制,就会因为不具备将其汇集在一起的凝聚力而导致项目最终分崩离析。我在世界各地操作过许多一切需要从零开始的项目,它们当中兼具投资价值和客户价值的,都是那些创造了"新型盈利神器"的项目,而且它们在各自的市场中至今仍保持着辨识度和商业价值。

我的一位导师教导我，度假地产项目有三个核心方面——关系、逻辑和法律。不同地域环境下，它们的优先次序也不同：

北美：法律—逻辑—关系

欧洲：逻辑—法律—关系

亚洲：关系—逻辑—法律

当面对来自这些地区的合作伙伴以及与来自这些地区的人们一起工作时，请对这些方面加以考虑。我们并未被教授相同的商业过程及流程，但必须了解对方的流程。

所有操作过程的关键在于关系，我将之定义为信任。

总而言之，建设一个新项目需要艰苦的努力，需要明确的愿景、强大的资源、可靠的合作伙伴、公认的强大领导能力、良好有效的当前市场研究、了解风险的能力和意愿，以及降低风险的资深经验支持。

我们的愿景是"成为使徒"。这种说法出自《圣经》，它传达了我们在亚洲找寻最佳资源的意愿，我们愿意在你构建和实现愿景的过程中提供支持，帮助你以正确的方式完成构建。

今年是第二届 SMART 大会，对于来自新项目、供应商、行业典范以及商业伙伴的支持，我们深感欣喜。

我们的最终目标是传播我们的知识和智慧，帮助你们达成目标，并为中国的新市场和客户"创建更好的盈利神器"。

Steven Hicks，SMART 度假地产专家委员会执行主席；新加坡 SHA 酒店管理顾问有限公司总经理

Welcome to the SMART Solution Group.

After working on Asia-based projects and concepts for the past 18 years, and for some of the world's best service providers as a seasoned veteran, it is time I depart some of my learned experience to the next generation working on China-based new development projects.

In the development of the group and the concept, it is a classic example of an experienced individual and a hungry next generation individual in China working together to bring knowledge, energy, and passion to build an innovative approach to supporting new projects and teams to achieve lasting positive results.

The development stage is a detailed phase that clearly requires knowledge, resources, and a very clear road map that is built, not copied. For a group to hire the resources to build out a new project is very expensive, and their roles and activities will perish after the business goes into the operation phase.

Over the past four years I have worked on several IR (Integrated Resort) projects in China, and I realized that with the increasing demand within China, many projects that I interfaced with had money, land, and a relationship presented to individuals with the vision to develop successful new projects in both developed and new markets. The glaring concern I have is that the development's often beyond the asset of land, which does not understand and value the need to build out a development Strategy, have the Management experience or internal resources to value the need to develop a project master plan; to understand the detail and complexities of Architecture & design in building a mixed-use complex, or IR; to value Research to the demand, and positioning of their investment to ensure the sustainability in the market place, and to satisfy the investment partners. Any great brand values the human property through Training their teams to achieve the new brand image, as it is not about the fact that there are many available resources, it is about building brand ambassadors to support your hardware. All great groups have a core difference - you see the brand in the people! There is a classic management statement that "you are as strong as your weakest link". Your most valued asset is your customers and your team members.

I have been blessed to spend my working life supported by very strong mentors who invested in me respect, wisdom, and trust. I have the knowledge of working my way up from the bottom of the industry to working on projects around the world, and leading the opening of the first IR, the Venetian Macau. I contribute my fortunes of success to be valued to lead this and other projects, to having fellow team members who wanted to work with me and support the project requirements, to understanding the project's vision, and to be able to lead people to execute, and create the business model to satisfy all shareholders, and stakeholders.

At its development stage it was 5 huge businesses under one complex roof: the largest casino resort with 3,000 rooms, the largest casino in the world, the largest exhibition center in Asia that could handle 50,000 people, 380 retail outlets, an indoor stadium for 18,000 people, a purpose-built venue for an entertainment show. It bussed in 60,000 visitors a day, and would have 1,000,000 guests visit it every month. Little did I know it, but with a great team we built a destination that to this day is the icon of Asia's Las Vegas.

Building a green field new project or a brand is not being able to copy, or get your hands on individual's IP (intellectual property) - this practice is common, but is very disrespectful to both the individual and the company. Lasting projects build their brand promise through clear vision, innovation, honesty and trust to their teams and customers. When you take another's idea or concept, you must understand that the project and brand is built with a team that weaves all aspects together, and that product will last as the development team are stakeholders, when you copy there is no binding to keep it together as the project develops. Best said it falls apart!

I have built many projects from a white piece of paper over the years around the world, and the ones that had investor and customer value are those that built a "new mouse trap". All of the projects are still in their respective markets, and valued business's.

I was taught by one of my mentors that business/projects works with three core aspects: relationship; logic; law.

In the three zones of the world's markets the flow of the aspects is different:

In North America it is law - logic - relationship;

In Europe it is logic - law - relationship;

In Asia it is relationship - logic - law.

Think about these aspects as you interface with partners, and people from these areas in working together. We are not taught the same business processes and flows, but must understand each other's process.

The key to all of the processes is relationship, which I define as TRUST.

To close, building a new project is just hard work. It requires a clear vision. It requires strong resources, dependable partners, strong proven leadership, good valid current market research, being able and willing to understand the risk, and getting experienced support to mitigate them.

Our overall vision is "to be fisher of men", that is a biblical phase that translates that we want to find the best resources in Asia, that can support you to build and achieve your vision and let us help you build it right.

This year is our second conference, and we are more than pleased with the support from new projects, suppliers, market leading role models, and commercial partners.

It is our ultimate goal to help others by departing our knowledge and wisdom, to help each of you achieve your goals, and to "build better mouse traps" for the new markets, and customers in China.

Steven Hicks, SMART Solution Group Executive Chairman, Managing Director, SHA Group Asia Pte.Ltd.

Contents 目录

010 | 前言

012 | 旅游度假地产圆桌会谈

050 | SMART 解析
　　　052　如何 SMART / 王旭

SMART 度假地产全生命周期

070 | SMART（战略 + 策划 /Strategy & Planning）
　　　072　重建小而美的世界 / 金淮
　　　078　张宝全：当艺术与商业融合 / 刘长杰
　　　092　借鉴海外，推动国内地产信托基金发展 / 李犁
　　　098　对话：中国旅游度假市场的拓展战略

108 | SMART（管理 + 市场 /Management & Marketing）
　　　110　潘小科：目的地型度假酒店在中国将面对诸多挑战 / 刘扬
　　　118　自媒体人为度假地产宣传破局 / 申晨
　　　126　基于中国消费需求的度假酒店 / 黄骥

136 | **SMART（艺术 + 设计 /Arts & Design）**
    138 如何成功打造旅游小镇／袁松亭
    146 浅谈旅游地产项目生命全周期设计服务的内涵
        与其必要性／温祖健
    156 旅游导向型区域一体化引领新型城镇
        ——以北京市门头沟区清水镇项目实践为例／李文捷
    174 神州半岛综合度假区旅游规划／林美秀
    178 裸心｜谷：把绿色周末生活卖给城里人／李柯达
    188 中国杭州英皇影视文化村／王旭
    196 艺术与公共空间／范元生

204 | **SMART（研究 + 标准 /Research & Standards）**
    206 对度假地产的质疑／孙君
    216 帐篷酒店，度假新境界／AIM 竞赛组委会
    226 中国人口老龄化的高端酒店式养生医疗保健服务／廖维武
    238 对话：设计与酒店品牌的对接

248 | **SMART（教育 + 培训 /Training & Education）**
    250 人力资本投资在酒店和度假村中的价值／Catherine NG

255 | **附录**
    256 2013 AIM 竞赛
    260 2013 SMART 国际度假地产开发、设计、运营与投融资大会

前言   王旭

FOREWORD

　　从 2012 年和 Steven Hicks 先生共同提出 SMART 度假地产解决方案迄今已经过去了两个年头，在这段时间里，因为 SMART 平台的机缘有幸结识了度假地产相关各个领域的许多专家前辈，对度假地产的打造及产业链认知达到了新的高度，不能不说是非常幸运的。此书将部分专家的理论及观点集结成册，以此作为对从事度假地产的同仁及相关人士的回馈。

　　在 SMART 度假地产平台形成的过程中，尤其要感谢我的两位老师和引路人：一位是今典集团的张宝全先生，作为罕见的跨界奇才，他身兼导演、艺术家、地产发展商和美术馆长多重角色，也是问题和需求的提出者。他所创建的红树林度假世界作为中国大陆第一个真正意义上的度假生活方式原型，对整个行业，从策划定位，到设计研发，到人力资源，到管理运营都提出了新的要求，也进一步激发了我们去回应与解决这些问题的激情与决心，一个行业的发展与这样的领军人物是密不可分的。从张宝全先生身上，我学到了发散拓展的思维方式。而另一位则是问题的回应者，前澳门威尼斯人总裁 Steven Hicks，他是澳门威尼斯人的缔造者和总指挥官，他与我探讨的并不仅仅局限于开发与建造层面，而是包含了博彩、酒店、商业、娱乐各业态类型，从整体品牌定位策略，到产品研发、市场推广、人力资源架构搭建、运营及各业态间优化整合的庞大系统工程。Steven 先生面对巨型项目时的泰然自若与胸有成竹，我想，

除了基于他 40 多年的度假地产经验和 160 多个完整项目的锤炼以外，更是与他身上那种与生俱来的乐观精神分不开的。从他身上，我学到了如何聚焦核心问题，以及如何搭建系统平台。

在这两位先生一问一答之间，我们的 SMART 度假地产专业平台应运而生，到目前为止已经汇聚了跨越 40 多个领域的近百位专家，从品牌到运营，从设计到管理，从投融资到教育培训，从新媒体传播到产品研发。而每一位专家所代表的不仅仅是其自身经验，更是他们背后的庞大资源库。每年的度假地产峰会只是 SMART 呈现给大家的学习平台之一，我们更看重的是在日常度假地产项目中，可以帮助项目勾勒更清晰的目标，建立更稳健有序的行进流程，使不同业态间达成更好、更高效的协作，以及最终呈现给游客与投资人更好的结果。

中国的地产行业已经从一次性的销售向平台化、内容化、服务化、运营化转型，旧有的游戏规则已经无法承载行业新的需求与标准，我们期待着 SMART 可以对中国度假地产行业的转型与发展起到积极的促进作用！

王旭，SMART 度假地产专家委员会秘书长；ZNA 泽碧克建筑设计事务所董事，执行总监；AIM 组委会主席

▲ Catherine NG
澳大利亚博士山学院（Box Hill Institute）
国际项目与跨国交付总监

▼ 李文捷
易肯 ETOWN DESIGN 设计总裁、首席规划师

▼ 林美秀
AECOM 旅游规划设计总监

▲ 陈宗冰
传奇旅游投资（集团）有限公司总裁

▼ 李浩江
浩睿（英国）精品奢华酒店管理公司大中华区总

▼ Steven Hicks
新加坡 SHA 酒店管理顾问有限公司总经理

▲ Grant Horsfield
裸心集团创始人

▲ 胡伟坚
香港郑中设计事务所合伙人兼副总裁

▼ 廖维武
Spada Health Concepts(SHC) 董事合伙人
香港大学副教授(兼职)

旅游度假地产

圆桌会谈

Roundtable Talks on Integrated Resorts

▼ 王旭
SMART 度假地产专家委员会秘书长
ZNA 泽碧克建筑设计事务所董事，执行总监
AIM 组委会主席

▼ 吴伟
原靳刘高设计北京公司总经理

圆桌会谈_

1

请问您对 SMART 度假地产全生命周期开发体系是怎么理解的？

Catherine NG_

SMART 度假地产全生命周期开发体系具有良好的结构，并将愿景和使命转化为可具体实施的"走向市场"的战略、规划和产出。

陈宗冰_

做旅游度假项目要流程化，国际上的标准流程是五个步骤：商业规划（strategy）、概念（concept）、设计（design）、建造（construction）、运营（operation）。按这个流程做旅游地产项目是最有效的。

胡伟坚_

SMART 度假地产生命周期开发体系是度假地产走向成熟的体现，可以称之为旅游地产发展的基础。从前期的规划定位到后续的跟踪服务，与周边环境、人文可以更好地结合。

李文捷_

==SMART 系统是市场需求的结果。当旅游产业被当成核心支柱产业之一扮演着拉动内需、解决就业、城乡统筹、文化保护、环境可持续等多种角色时,解决当代中国旅游业纵深发展主要问题和代表旅游规划主流方向的技术方法,应该是复合旅游产业发展背景下的综合系统方法==。SMART 一体化解决方案应该是以三方利益综合最大化为宗旨的。为政治家谋名,为开发商谋利,更重要的是为老百姓谋福,为子孙后代留些发展空间。

 李浩江_

作为 SMART 的积极参与者与专业的精品酒店运营商,我对 SMART 度假地产全生命周期开发体系的理解是:

首先根据菲利普·科特勒(Philip Kotler)的《营销管理:分析、计划、执行和控制》(*Marketing Management: Analysis, Planning, Implementation and Control*)一书的阐述,我们可以把产品的生命周期划分成:导入(introduction)、成长(growth)、成熟(maturity)和衰退(decline)四个阶段。从中国以往二三十年的地产开发模式来看,众多的房地产开发企业所经历的产品开发周期,是比较短暂并具有一定的特殊性的。"短暂"是指以往的地产开发项目大多只用 3~5 年的时间，在二三十年前"房子"的购买环境下，就"房子"这一产品来讲，它的导入与成长是比较短的，成熟期来得很快，房子一抢而光，基本上没有经历衰退期。因此，以往==“房子”这种产品，具有某种非耐用消费产品的生命周期特征，相对短的制造期，迅速投入市场完成销售==。所以大多数房地产开发企业不具备更多的对持有型地产项目的经营管理能力，从而更导致了他们缺乏对持有型地产项目的开发能力，例如旅游度假地产。

SMART 度假地产全生命周期开发体系正是针对地产开发企业提出的行之有效的度假地产项目开发综合解决方案。我们可以把度假地产的产品分成两大板块，第一板块是可销售的地产产品，可能是住宅、商铺、酒店等；第二板块是需要持有并运营的地产产品，可能是娱乐性项目、体验性项目等。而往往第一板块的产品的销售成功与否，更多的要由第二板块的产品未来运营的好坏来决定。更具特色的是第一板块的产品在销售完毕后，可能又成为了第二板块的运营产品，例如出售后回租经营的住宅、酒店、商铺等。

SMART 正是针对以上的特点，在项目初始阶段就由设计公司与专业的运营商共同参与并提供"可销售的地产产品"与"持有运营的地产产品"的同时开发设计的服务。就像我们精品酒店的开发，由于我们每一家精品酒店的开发是各具特色的，所以管理公司是在开发商购买土地阶段就参与其中，根据不同项目的自然、地理、人文的特点并结合未来目标市场的需求，设计适合且具有独立特色的精品酒店产品。所以 SMART 这种对销售与持有运营、销售后再持有运营的地产产品的同时设计规划，确实形成了独特的针对度假地产所有类型产品的全生命周期开发体系。

林美秀_

SMART 体系与 AECOM 一直以来推行的理念非常吻合，比如像我这样的景观设计师，是希望对于项目的整体有所了解，这样的设计才可能从时间上和空间中获得一种适宜。所以，对于 SMART，我是非常支持的，我相信这个体系对于开发复杂的大型项目是有效的，而且也应该是比较节能的方式。

Steven Hicks_

人们在投资度假地产时，很多时候并不清楚该如何操作才能实现最大的收益，因为他们虽然可能有相关行业的背景，但并非专业人士。SMART 体系要做的就是为他们提供全套的操作建议，从最开始的总体规划到后续的管理、培训支持，因为只有硬件和软件两方面都做到完善，才能算得上是一个成熟的度假地产产品。

 王旭_

SMART 最原始的理念是由 Steven Hicks 先生提出来的，他是澳门威尼斯人等亚洲很多大型度假地产的操盘手。之后，我们团队通过研究，总结归纳了一些基本元素，又用五个字母缩写来代表整个理念体系。因此，这个理念背后有许多成功案例的经验支持，无论对于设计师，还是国内的一些开发商来讲，都打开了一个更广阔的视野。这也是我们为什么要研发 SMART 度假地产全生命周期开发体系的原因，我们希望国内的度假地产开发能少走一些弯路。

当然我们的目标也不局限于扮演一个公益性教育的角色，我们希望行业链上的朋友在理解 SMART 理念之后，能方便找到这个平台上的团队进行合作。

第一次 SMART 大会之后，我发现不同专业的人对于 SMART 有不同的理解。事实上，理念是一方面，在中国有没有团队能把理念操作成功更为重要。SMART 平台上的团队有很多跨领域兼容性的人才，他们更乐意与优秀的团队进行合作，以达到共同期许的目标。

 _ 吴伟

从度假地产项目整体品牌体验和品牌价值的角度来说，度假地产项目板块通常比较大，各个板块之间如何既独立又保持整体统一性应该是极大的挑战，几乎没有一家乙方可以独揽全部而保障项目的高水准出品，所以在项目最终呈现上通常会出现木桶中的各种短板现象。甲方可能都不自知，但对于消费者而言，他们通常不会管项目产生的过程怎么样，只会根据自己实际接触或者体验而对项目或品牌整体给出评判，而这种接触通常都是局部或单一的。因局部不完善而破坏整体的认知，是对项目极大的伤害，对正面品牌价值的建立和品牌资产积累也非常不利。从这个意义上讲，作为中立的第三方——SMART 度假地产全生命周期开发体系应该能最大化地从项目源头上解决此问题。

圆桌会谈 _

2

在整个度假地产相关领域，近年来有哪些热点备受关注？您本人比较关注哪些问题？

 Catherine NG_

可持续发展。

将五星度假地产理念转化成为具体的项目，以满足日益增加的对高端住宅的需求。我们的焦点集中于通过培养计划来满足行业的需求，以便创造出可以支持可持续发展和高端住宅运营的人力资本。

 陈宗冰_

我关心对于大型先驱性项目的项究，比如万达在长白山、青岛、无锡、西双版纳、武汉的项目，我想了解他们的经验教训：比如项目的体量是否合适，市场是否接受项目的概念等等。但是这些实际情况并不太容易了解，所以行业中应该有一些专业团队去长期跟踪，再用数据从各个角度来分析利弊，让全行业的人吸收经验，避免陷阱，这是非常重要的工作。

我相信这些开发商还是乐意去开放数据的,一方面他们也需要更全面的研究报告,另一方面外面的独立研究机构比自己内部做研究更全面理性。

此外我还关注中国演出市场的情况,度假村非常重视娱乐体验,也在开发这种单项产品。初步了解下来,现在启动的项目基本还在亏损阶段,但我们很关注,希望能看到一个可以借鉴的产业模式。

第三就是关注住宿产品,酒店只是住宿产品中的一类。除了不同类型的酒店之外,现在也有很多新型的模式产生,我们也在做尝试。

Grant Horsfield_

中国消费者的观念正在慢慢转变,如今他们更倾向于把钱花在享受不同的生活方式以及各式体验上,而非仅限于购买像路易威登这样的奢侈品包包。"裸心|谷"临近几大中心城市,拥有优越的地理位置,我们凭借多元化的商业模式,不仅为顾客提供短途私人入住体验,也为许多公司客户提供了具有创意的会务定制服务及住宿服务。如今的消费者已经把旅游作为他们日常生活的一个部分。市场在转变,而我们抓住了这个机会。

 胡伟坚

近年来的热点是可持续发展与绿色环保,旅游地产的开发与周边环境更好的结合,怎样减少破坏,当地居民的参与度,等等。旅游地产正在从观光旅游形态向休闲度假旅游形态转变,旅游产品不断升级,旅游地产向复合型发展。

沿海发达区域是旅游地产发展的重点,发达区域高收入人群是旅游度假项目的客户基础。自然、人文资源、人工景点是旅游地产依托的主要资源类型。

 李文捷

我非常关注旅游度假地产顶层设计的三个问题。

第一个问题是旅游度假地产的价值规划——中国的核心主旋律还是可持续发展。

第二个问题就是"责任"——在中国,迅猛的城市化过程导致了前所未有的能源危机和环境压力,必须停止过度消耗未来寅吃卯粮的行为,留足够的发展和生存的空间给子孙后代。责任的第二层含义是:所有的一切都是围绕着"人"这一核心命题,城市是为了人的生活和活动而存在的,人在城市中工作,从事各种经济文化政治科技活动;在城市中生活,经历生老病死;

在城市中交往，体味人生的酸甜苦辣；在城市中游走休闲，获得精神的愉悦和心灵的满足。

第三个问题就是关于"美"——城市的美学意义兼具主动性和被动性，它不是一般意义的艺术欣赏或美术活动，它不像绘画、雕塑、音乐、戏曲、文学、舞蹈等其他艺术形式需要人们主动地接触、学习、感知，人根据自身的意愿是可以控制这种接触和感知的，城市因其时空特性使人无法拒绝这种影响力，因而城市巨大的美学意义不是其他艺术形式可以比拟的。然而设计美学远不如其他艺术门类发展得成熟，很多丑陋的城市拔地而起。设计美学的重要性之高与开发建设的美学门槛之低形成强烈的反差。

 李浩江_

在广义的度假地产领域里，健康养生、休闲养老都是很受关注的。我更关注健康养生度假地产项目，这也是我们公司现阶段项目开发的重点。

 廖维武_

目前，针对老年退休人口市场推出的地理位置优良的高端综合性地产项目的地位不断上升，并受到许多地产开发商和地方政府的追捧，以期促进旅游业和房地产行业的发展。然而，还未出现明显的胜出者，或者说，在中国或亚洲还未出现该领域的任何品牌领导者。Spada Health Concepts (SHC) 公司是一家管理公司和服务商，我们瞄准高端多代社区和老龄化人口，并为其提供长期服务。我们致力于运用世界顶级的服务，为期望居住于高端环境之中、享受品质生活、安全感和保健服务的新消费者阶层创建健康、愉悦和可持续发展的社区。

 林美秀

现在行业内反复被提出来的是"养生"、"绿色"等话题。

我个人对于"个性化开发"比较感兴趣。所谓的个性化分为两类：一是对于客群有明确的定位，比如针对年轻人的，供给老年人的，或是只向成功人士提供的等等，当客群被细分后，产生的酒店也会比较有特点；二是小型精品酒店，一般会选择艺术、时尚、特定的文化等明确的主题。

这种个性化跟业主的策略有很大关系，一般是因为需要就市场上已有的类型做区分，自然就会把新开发的酒店定位在某一种特定的形态。

Steven Hicks_

我们已经将 SMART 体系应用在一些项目上，在中国有好几个，比如在三亚和青岛。我们非常关心这些项目的进展。

王旭_

我们一直在与红树林进行合作，他们的开发模式和落地策略一直是我们比较关注的。

现在有一大批人冲进了小型精品酒店的开发建设当中，今年的趋势尤为迅猛。这其实是一个很好的路径，因为许多国内大型酒店、连锁酒店的经营状况并不好，一方面很多酒店的开发是因为政府的要求而不是市场的需求，区域开发需要配套星级酒店，但当地实际的消费人群和消费水平还达不到这个标准，从而造成开发和建造资本浪费；另一方面酒店同质化现象严重，酒店越来越多，相互之间恶性竞争。

==小型精品酒店投资少，转型快，因此也更有优势。业主可以依托特定文化、特定环境，甚至是某一类特定人群来专项打造主题旅游，再通过新媒体的宣传聚拢到相应的客户人群==。比如一家冲浪俱乐部酒店，常年客满，因为他们的客户一订就是三个月，预定都要排档期。

另外，我们也在全面关注度假地产领域，度假地产周边一般会形成一个庞大的产业平台和产业链条，不会仅仅是酒店。

 吴伟 _

近期定位中高端的小型度假酒店发展特别快，这也是市场的刚性需求，尤其在云南和浙江地区出现得特别快。我近几年外出旅行时就首选小型优质度假酒店，这种入住体验通常都比较特别，因为它们几乎都比较重视品牌文化的塑造和整体体验设计。

圆桌会谈_

您觉得国内在度假地产开发运营的实际操作中有哪些弊端？

 Catherine NG_

缺乏对土地使用和基础设施的详细总体规划。国内许多新建的综合度假地产都是在"我们建设度假地产，人们定会来此"的前提下建设而来的，并未充分考虑支撑发展所需的土地使用和基础设施。

由于受薪酬标准以及在中国普遍存在的对服务行业从业人员的社会歧视的限制，导致综合度假地产缺乏技术精湛的员工队伍。综合度假地产项目硬件够硬，但软件却跟不上。

 陈宗冰_

这五个标准流程中，在中国后三个环节实际操作公司有很多，相对也比较成熟，而商业规划和概念这两个部分是有待发展的，实际上这两个环节也是项目成功与否最关键的部分，做这些工作需要创意。比如有些项目在设计完成之后才能估得出预算，但结果完全超出预期,最后不得不再去改设计,往往要付出很大代价。所以在做前两个阶段的时候,每一个操作都应该有一定的界限,否则接下来的工作很大比例上将是无效的。

商业规划其实就是做可行性研究,国内很多可行性报告偏向程序型的报告,会有一堆数据,实际上解决不了可不可行的问题。商业规划最本质上需要两组关键的数据,一是项目总预算,二是投资回报的可能性区间值。这两组数据将会成为后面顾问工作的基本参数。

所谓的概念并不是编出几个空洞的口号就行了,而是要给这个项目找到一个可以描写生活方式的故事,从而赋予这个项目一个生动的灵魂。

这两个阶段都需要业主去更多地参与,做出合理的要求,使整个项目在一个正确、清晰的逻辑下运行。

Grant Horsfield_

大多数情况下,开发商会假借开发旅游之名,承诺政府建造绿色环保的度假村,雇佣当地村民以帮助当地经济的发展。而事实是他们仅仅建造了豪华别墅,从而更进一步拉大了富有私房主与当地村民的贫富差距。

胡伟坚_

在早期，一些开发商以开发高尔夫球场来吸引客人，目的是为了带动周围的别墅的销售，却缺乏周围的配套设施。现在逐渐摆脱这种方式，让地产开发更好地结合周围的配套设施，真正意义上提升酒店本身的盈利。大型品牌企业积极进入旅游地产市场，一线资源被大量瓜分，开发出众多旅游地产项目，但尚未形成成熟的运作模式，市场现在处于快速发展期。旅游地产成功的关键应该在准确的客户定位，合理的客源导向，引导足够的客户旅游地产才能运营。

李文捷_

一、旅游资源需要多重属性和价值判断，除了传统的资源评价方式之外，我觉得还应该包括对资源品质的认识、区域气候关系、整体的经济发展水平、消费水平、目标市场的需求特征、生态环境资源的优劣、社会人文背景、交通、市政、基础设施、城市建设等等；

二、回答好旅游和地产的关系，休闲游玩还是买房置业；

三、开发本位主义，摸不清目标客户需求，主观定位；

四、领导换了，思路方向变了，开发商弱势，项目搁浅；

五、没有照顾好政府/企业/景区/民众各方的发展诉求；

六、很多开发商不明白旅游地产不是快消品，无法快速获利；

七、土地无法流转，没有城市规划建设指标，这是很现实的问题；

八、政府条块分割管理，国家喊战略，细则不落地；

九、山寨照搬模仿抄袭，没有特色死路一条；

十、盲目建设劣质破坏，做得越多错得越多。

李浩江_

国内地产开发企业缺乏度假地产的开发经验，而弥补这一不足的商业模式又是很缺乏的，但这也就是 SMART 应运而生的一个商业契机。

廖维武_

首先，硬件和软件之间的不配套是中国综合度假地产行业持续存在的问题。在昂贵的居住环境中，充斥的都是缺乏培训的员工和不达标的品质，使得消费者的选择非常有限，花的钱非常不值。投资者和资产所有者倾向于更短的开发周期并且不重视高品质酒店管理公司带来的价值，认为他们可以"以价廉物美的方式自己管理"。消费者的付出与回报并不能成正比；在价格战中，低劣的品质则将行业标准损害殆尽。

同时，市场中缺乏足够的服务品牌差异来供消费者选择，只是在价格和硬件差异上大做文章。

 林美秀_

对于设计师来讲，我们很难获得某个度假酒店的绿化、材料等方面的准确资料。目前从公共媒体上取得的信息可信度不高，没有达到信息的透明化，更谈不上系统化。我觉得在市场上，大家彼此之间的信任度不够，没有意识到公开信息是一个互利的行为。而这些信息对于项目来说是至关重要的，直接关系到设计的准确度，避免问题和反复。

 Steven Hicks_

很多人其实并不知道最有效的操作方法，在策略、资源等方面的失误会导致失败的案例，这也是为什么中国虽然在度假地产方面投资很多，成功的例子却较少。

 王旭_

国内因为刚刚起步，缺乏有经验的人。具体来说，对于大型酒店、度假目的地，一方面前期往往没有精准的定位，也缺乏相应的品牌建设，无法预测服务的内容；另一方面的问题更为严重，即缺少后期运营操作的人才。相对来说，设计在整个环节中更容易实现。

简单说，以前做住宅开发就是钱和地两件事，相对于打造现代城市综合体还是非常简单直接的。真正到了度假地产时代，品牌、产品、运营对于项目成功与否起到了更为关键的作用，这个时候，拥有智慧资本的专业团队就会变成和钱与地一样重要的条件，会成为一个三足鼎立的局面，而我们的工作就是努力为未来复杂的地产项目提供第三条腿。

 吴伟_

整体感觉定位都不够清晰和精细，没有形成独特的个性和差异，品牌塑造和用户体验上都不够深入，尤其是服务系统不成熟，缺少品牌意识以及潜在的人文关怀。

圆桌会谈

圆桌会谈_

您对度假地产整个行业的未来展望？

Catherine NG_

中产阶级的崛起将会推动度假地产体验的消费需求，并提高人们对服务的期望值。

陈宗冰_

整个行业还是在稳健向上发展的，开发商前仆后继投身进来。有像 SMART 这样的业界理论指导是非常好的事情，我觉得将来会有越来越多的成功案例出现，但这个过程可能是比较惨烈的，度假地产的投资和风险性都比较大，超额的回报并不常见。

Grant Horsfield_

我希望这个产业能在未来的十年里欣欣向荣，也希望那些在设计、建造及营运过程中始终能忠于自己理念的开发者取得巨大的成功。

胡伟坚

整个行业逐渐走向成熟,越来越好。旅游地产以投资需求为主导,经济高速增长,流通性过剩,度假需求持续增长为行业发展提供了有利的环境,旅游地产处于较好的发展机遇。

目前旅游地产以投资需求为主导,GDP增长,流通性过剩,一定时期内投资需求将持续旺盛,但客户对旅游地产的投资性购买不具有刚性;高收入人群持续扩大,旅游度假需求处于快速增长中,构成旅游地产长期发展的基础;旅游地产分布在发达城市圈边缘区域和工业欠发达而环境优美的区域,是地方政府重点扶持产业;在政策调控下,旅游地产市场需求较传统住宅具有更大的波动性,对开发企业抗风险能力要求较大。

李文捷

由于旅游产品的极大丰富,旅游接待服务水平显著改善,旅游产业层级和结构不断提高和完善,使得旅游目的地商业、文化、生态环境得到全面提升,从而为追求后工业现代生活品质的富裕阶层和现代服务业从业人员提供了良好的生活和工作环境与条件,在工业化、城市化进程中饱受生活和工作压力、交通堵塞、环境污染的城市精英对度假公寓、产权酒店、第二居所、定制别墅、商业店铺、文博场馆、专业工作室等旅游地产的需求开始释放，因此如何在旅游目的地、旅游接待产业基础上复合旅游居住地产、旅游商业地产、文化创意产业成为这一阶段旅游经济的主要任务。该阶段旅游产业已经突破传统的产业边界，得到全方位延伸，产业层级进一步提高，产业结构趋于集群化，产业能级极大提高，以至 <mark>不再以满足旅游者需求为中心，而是以推动目的地城镇社会经济发展为中心。此时，旅游产业成为地方经济发展的发动引擎</mark>，通过旅游产业关联、带动相关产业复合发展，进而推动地方经济全面、可持续发展。

李浩江＿

随着国人生活水平的不断提高，在工作压力日趋增长的生存竞争条件下，加之人口密集的大城市不同程度的空气污染，都将会促使消费者希望在工作之余，去到一个不同的、轻松的、新鲜的环境，享受一定的放松生活。这样不断增长的需求，将会给度假地产行业带来可观的商业机遇。

廖维武＿

退休生活方式和包括水疗健身在内的健康生活方式在未来5~10

年内将会成为中国和亚洲的大趋势。SHC公司具有良好的定位，以期使自身在中国和亚洲能够具备世界级的全球—中国团队和发展伙伴，来应对这项挑战。

规模较小的奢华酒店和小规模的综合度假地产也正朝着大型综合性开发项目的方向发展，并将使这种趋势得到平衡。向自然和景观的回归将作为市场主导，向城市黄金地段的标准发起挑战。作为增加收入的一种形式，餐饮（F&B）将继续起到重要的作用。

诸如澳门和横琴新区等地将会继续对自身加以再造，吸引更多的多样化的消费者，带来更多的收入。中国在常规会议（meetings）、奖励旅游（incentives）、大型企业会议（conferencing/conventions）、活动展览（exhibitions/exposition）和节事活动（events）方面仍落后于亚洲其他地区，需要在服务品质和经营规模上急起直追。

林美秀_

希望整个行业对于项目的追求，在独特性之外有更长远的眼光，全行业能共享一些项目的基础研究数据、后期使用的真实状况，等等。

Steven Hicks_

我还是非常有信心的，尤其是对中国国内的状况。SMART 度假地产开发体系的提出，再加上我们一直在努力推广的 SMART 峰会，使越来越多的度假地产投资者意识到，需要有一套切实可行的理论来指导实践。尽管缓慢，但整体形势毫无疑问是在往积极的方向发展。

王旭_

国内旅游地产的兴旺符合世界经济发展的规律，就如同淘宝与 ebay、百度与 google 的关系一样。人均 GDP 发展到一定程度，必然会有相类似的景象，所以可以依据欧美的发展脉络，也可以参考日本、韩国的发展步调。当然每个国家有自己的特色，但大的经济规律和发展方向是有迹可循的。

吴伟_

高端度假地产品牌越来越多也渐趋成熟，但针对中低端度假人群需求的优质品牌还特别稀缺，而伴随中产阶级人群基数的持续增长，一定会催生一大批小型中高端连锁度假酒店品牌诞生。

圆桌会谈

5

请推荐一些您认为成功的旅游度假地产案例。

Catherine NG_

澳门银河度假城和威尼斯人度假村综合度假地产项目都不错。

陈宗冰_

国内像中青旅的乌镇和司马台的古北水镇项目都是非常成功的例子，同时也非常安全谨慎。万达在长白山之后同时开了四个星级酒店，听说在冬季入住率达到83%以上，是很好了，但全年的数据还没有看到。他们很有勇气，体量做得很大，在中国很少见，这种用资源去硬性启动市场的做法有没有效，特别值得关注。

Grant Horsfield_

我的经验告诉我，成功经营综合度假村的标准是把商业、住宅以及旅游以正确的比例融合在一起。

胡伟坚

湖泊类的度假产品，更加注重文化价值挖掘和区域品牌营销，打造游艇类亲水旅游项目，以高星级酒店带动整体项目的高端开发。湖景为滨湖项目的核心资源，建筑排布围绕湖景资源。别墅类产品亲近湖水，强调望见湖景，如目前正在设计中的杭州千岛湖万豪酒店。

滨海类度假产品，目前正在设计的三亚清水湾JW万豪酒店、海棠湾红树林度假酒店都是很有代表性的项目。受海洋资源的限制，滨海项目集中在海南、青岛、威海等滨海区域城市，目前比较成功的项目大多分布在海岸资源丰富的海南省。

我们的贵阳安纳塔拉度假酒店、北京牛驼汤邑温泉酒店属于另一类温泉度假产品。温泉类项目主要依托地热温泉资源，也有人工温泉可利用，温泉项目通常与养生、休闲娱乐、会展商务等结合做复合型开发。温泉产品已经由最初的单纯依靠天然温泉的洗浴项目提升到打造"汤文化"的项目，目前的温泉产品突出保健概念，针对不同人群的体质开发不同种类的温泉项目，并配合健康检查、美容、养生、水疗以及休闲娱乐项目，使得温泉产品更丰富，更有包容性。在资源的稀缺性与配套的完整性两方面对温泉资源深度依赖，并且作为项目的核心竞争力存在。完善配套是吸引客源的先决条件。作为配套的重要组成部分,温泉配套的开发直接影响项目的运营与地产项目的开发。

李文捷＿

随着中国旅游业由资源导向的旅游观光线路(接待产业)向市场导向的旅游目的地(休闲度假产业)发展,继而向综合效益导向的旅游目的地(主题城镇复合产业)的不断延伸和升级,旅游规划市场需求也相应地向综合规划设计施工运营一体化解决方案方向延伸,而且需求十分迫切。

最近做的一个代表性案例:长白山国家森林公园。通过对周边700多平方公里区域的整体研究,提出打造"圣地森林理想国"长白山森林旅游综合体的发展战略,内有自然森林垂直景观,特有动物栖息乐园、自然综合体、民俗文化体验博物馆,等等。总体定位是国家级森林公园,四季宜游的森林旅游目的地。

李浩江＿

今典集团开发的海南与青岛的度假地产项目颇具探讨价值。

廖维武_

5 /

从各方面来看，新加坡的滨海湾金沙大酒店与亚洲会展中心和滨海湾花园建成的综合度假地产项目，目前仍是这种新型酒店开发项目在亚洲的最大赢家。该项目同时也是私人和公共投资成功以及世界级城市品牌建筑方面的精品案例。该项目在规模、创意和管理方面在亚洲其他地区都难觅其踪。投资回报也是相当可观，但这也需要高水平的专业技能来管理这样一个高风险的项目。

Steven Hicks_

我们近期的项目都还在进行中，最快的可能要到明年才能建成。SMART体系虽然是一个新提出来的概念，但它来自于我们多年的实践经验，是从案例中提炼出来的成果。这其中，新加坡的滨海湾金沙酒店，还有澳门的威尼斯人，都是让我们引以为傲的成功案例。

王旭_

新加坡圣淘沙和滨海湾金沙大酒店，都是大型度假目的地，都有赌场、环球影城或是主题公园、艺术展览区、儿童体验区、会议会展、购物、酒店,还有一些保健养生项目汇集在品牌之下。新加坡的国家意志和战略定位都是非常精准的,这两个项目都是国家行为,比如他们赌场的抽税要比澳门低很多,博彩带来的度假链条对于新加坡的经济收益有巨大贡献。

国内好的案例不多,以"裸心|谷"为代表的一批还是非常好的,但经济收益方面还有待观望。这也是国内度假地产起步探索阶段的一个必然过程。

 吴伟_

花间堂酒店这几年发展特别快,我也住过几家店,整体体验和服务都不错,性价比也适合。国际大品牌里在中国比较值得学习的酒店有香格里拉的悦榕庄、丽江和西藏的瑞吉。国内让我印象尤其深刻的倒是主要分布于藏区的松赞精品系列酒店,那可算是我理想中的度假酒店了。

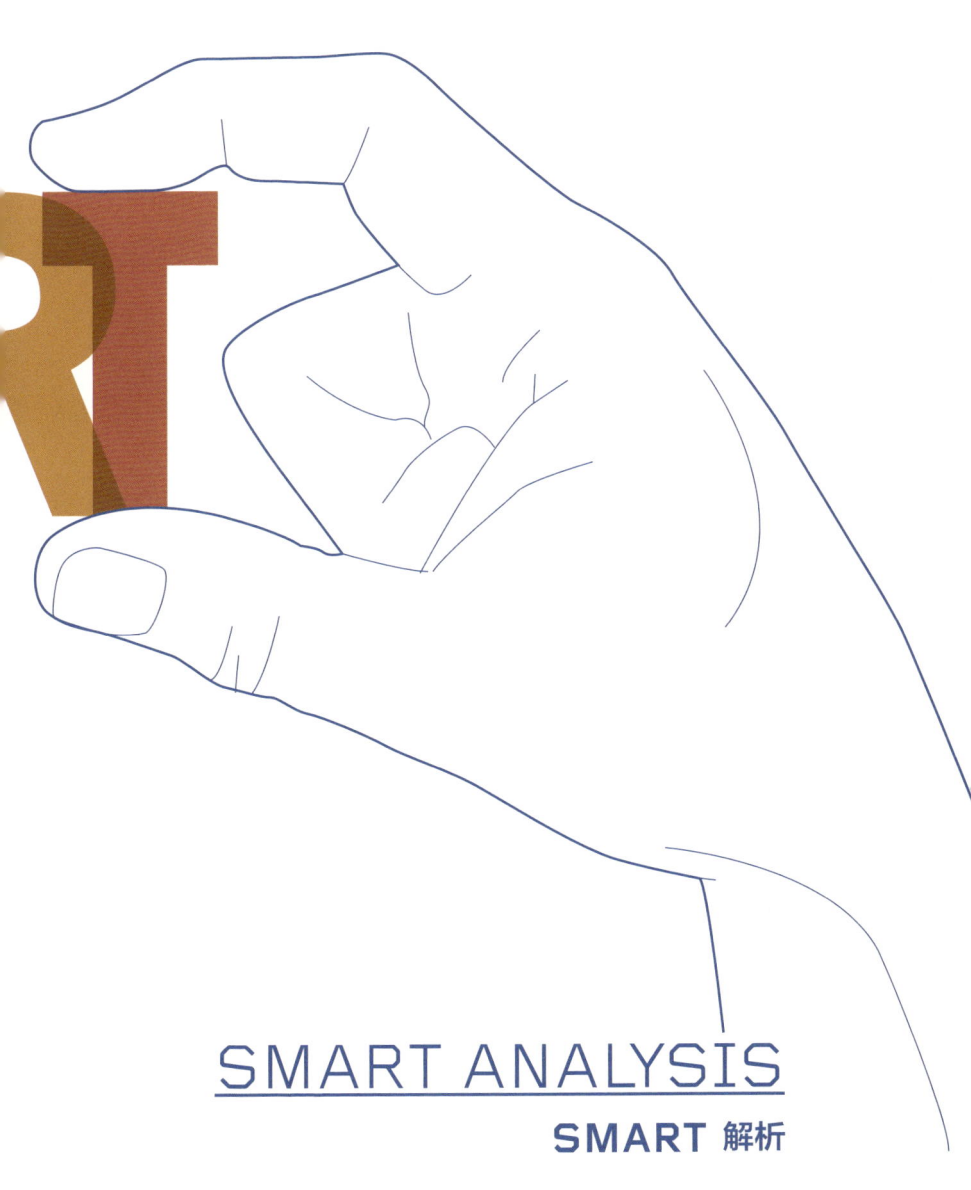

SMART ANALYSIS
SMART 解析

GET
SMART

如何 SMART

王旭

相信我们行业中的很多人都有过这样的切肤之痛：一班人投入大量时间、精力、物力搭建起来的度假地产开发项目，中间所经历的种种苦楚自不必说，而在巨大的付出之后，项目运营情况差强人意，才是最大的甚至致命的打击。为什么会是这样的结果？难道我们的努力还不够？

原因很简单，系统的缺失！复杂如综合度假地产这样的项目，与多数开发商早已熟知的住宅地产开发相去甚远。每一个大型度假地产综合体都是一个庞杂的有机体，需要满足诸多方面的条件，才具有成功的可能性（如澳门威尼斯人酒店综合体项目，需确认执行的任务有 36 000 项之多，只有当这些任务都一一达成之后，一个成功的综合体才能成为可能）。而当前，专业人才的缺乏，尤其是系统整合型人才的缺乏，使很多大型度假地产建设项目面临着巨大的风险。

当前，我们正处于中国大陆地产行业的一个转折点。在此之前，行业内主要以销售型地产为主，即开发商只要拥有土地与资金，造出的房子就不愁卖，火热的市场成就了行业当下粗放化的模式，开发商并不需要拥有一支专业性强的团队与各类顾问公司对接，产品研发也并不是以产品、用户、运营为导向的开发模式。而未来，随着住宅市场的饱和以及政府土地经济的结束，市场将转向运营型地产模式，关注产、运营以及服务所带来的长期受益。这时，除资金与土地之外，三足鼎立中所需的智慧资本成为市场上的稀缺资源，而这一智慧资本团队不仅是以运营为导向，同时还囊括了各领域精英，可以为运营型地产平台提供内容，并和各类资源对接。未来地产的成败，将更多依赖于智慧资本团队，也就是我们正在打造的 SMART 智慧平台。

因此，在大型度假地产开发之前就能正视这一问题，从系统建设入手，是最好的选择。在整个度假地产开发过程中，我们总结出五项基本构成要素，分别是：战略策划（Strategy & Planning），市场营销与项目管理（Marketing & Management），艺术与设计（Arts & Design），研究与标准（Research & Standards），人力资源培训（Training & Education）。合称：SMART。这五项要素涵盖了从品牌到市场，从硬件到软件等各个方面，以此为基础原则进行的系统化工作体系也同样适用于其他大型综合开发项目。（参见《SMART 养老地产》，《SMART 城市运营》）

自我评估体系

我们根据 SMART 度假地产开发的流程与原则制定了一套自我评估体系，用于给新晋度假地产开发商评估自己现有的资源、团队、经验等等，并且与标准体系和进程作对照，从而可以了解自己的项目在开发关键路径上所需要补充的资

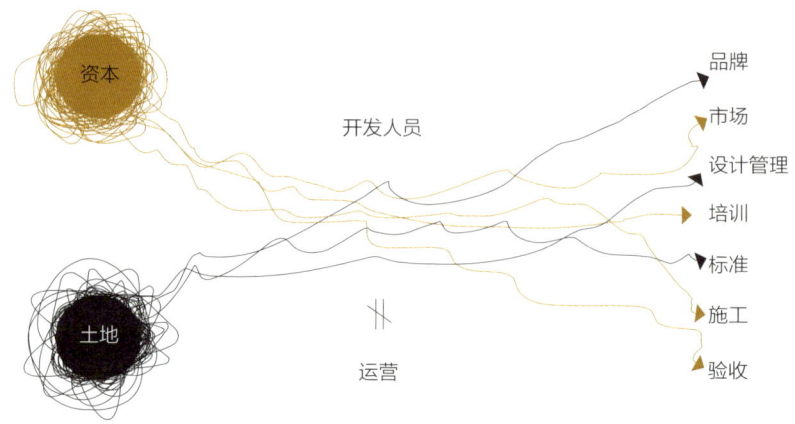

传统项目营销模式

源有哪些，在什么时间段会产生何种需求。

当从战略角度评估度假地产开发所需要具备的各项指标和资源时，重要的一点是均衡。通过自我评估体系，我们也许会发现其中有两、三个方面并不具有足够的智慧资本来保证项目的顺利推进，那么这时候就需要通过外部资源来填补这些空白了。

当我们审视自己的团队时，会发现很多团队成员是以任务为导向的，这很常见。完成任务，获取报酬，似乎是天经地义的事情。但是当我们有比仅仅完成任务更高的要求时，就会意识到还需要做更多的事情：比如高薪聘请有相关经验的能人，雇佣第三方团队，或者在公司内部培养出一支能满足需求的团队。当然，

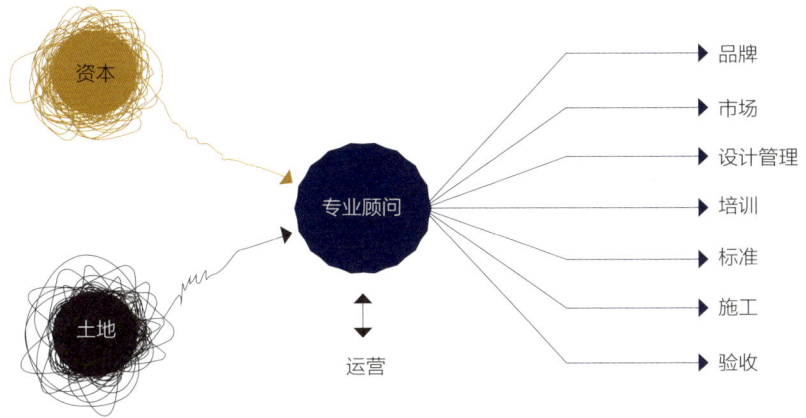

专业的项目开发

第三种方式对于多数公司来讲都是过于奢侈的期望。

SMART 团队

  SMART 智慧平台是以运营和结果为导向的，而我们的核心团队成员都是由多次经历过这一完整历程的、有经验的人员组成。当然，这些经验同时要与本土化的可对接资源来共同达成最终目标。相比之下，市场上多数的顾问团队还停留在漂亮的演讲汇报文件，鲜有与业主一起让项目落地的决心和经验。

  同时，SMART 平台也是一个以客户的实际需要为根据，具有灵活适应性的平台，有些项目可能需要 SMART 五方面的全方位协助，而另外一些项目可能仅仅需要 S、T 或 A、R 两方面的协助而已。简单地说，开发商不需要因为项目在特定环节对某项专业知识的需要，而花费很高的成本代价来培养自己的团队，他们可以得到具有全局统筹背景的特定专业团队的外部支持，用以解决特定项目上的特定问题。

战略策划 Strategy & Planning

在战略策划中，分为如图十个步骤，之所以要做这些步骤，是因为我们需要理解在度假地产开发方面将要经历的旅程：只有在经历了足够多的次数，并获取了相当的经验之后，才能够看到在纷繁复杂的表象后面，需要被连起来的重点。SMART 平台的职责就是妥善保护投资人的资产，传递愿景，管理并整合该愿景直至实现。

实现愿景（Vision）

愿景的重要性无可比拟。只有在确立愿景之后，项目才可能进行有效的功能布局。事实上，在很多时候，我们所认定的团队内部的优秀管理者，可能仅仅只是好的执行者，他们可以严格参照任务备忘录一丝不苟地完成，并多次获得奖励，但并不意味着他们认得清大局，懂得自己所在部门为愿景服务的真正意义是什么。一支理解愿景并能够主动为之付出思考与行动的团队，是战无不胜的。

而当愿景已明确，计划已制定之后，可能问题又会出在没能坚定不移地执行计划，太多人在中间改变了主意，让计划随之改变，而在大局上也影响了相关各方的行动效率，以至于导致整体的效率低下和计划失败。

因此，当我们对愿景有了充分的理解之后，第二重要的是明确责任归属问题。能够明确制定、管理和推行愿景的人不多，伊恩·史莱格（Ian Shreger）是其中一位。当初他在佛罗里达构建自己的酒店时，就给出了十分清晰的愿景：他很清楚地知道他的客人的类别，他要创建美国最酷的酒店，所有的服务都要围

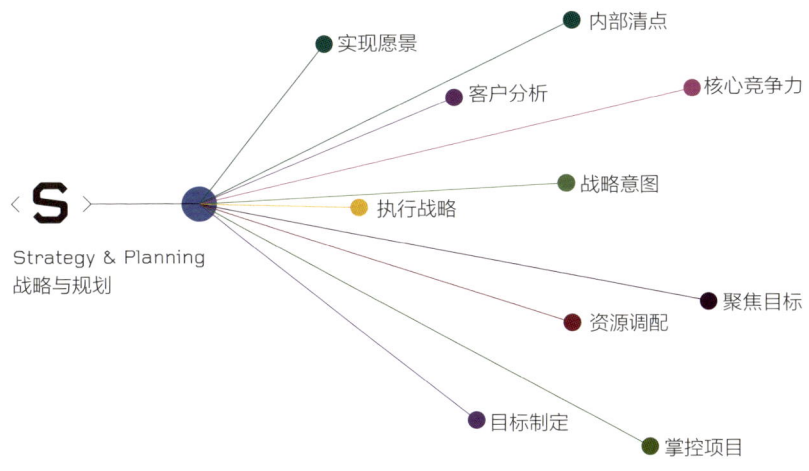

战略与规划结构图

绕简洁、清爽和有趣来设计。他以清晰的愿景吸引了如菲利普·斯塔克（Philip Stack）、卡尔文·克莱恩（Calvin Klain）、麦当娜（Maddona）、艾尔顿·约翰（Eloton John）、拉尔夫·劳伦（Ralph Lauren）等知名的设计师和明星，同他一起实现这一愿景。他以完美的领导力创造了一个和谐的团队环境，使这些著名的设计师和艺术家可以在一个充满创造力的平台上和平共处，让所有参与其中的人都享受到了创意带来的乐趣。反之，一些不太理想的团队，可能从愿景开始就不甚清晰，在责任方面划分不清，团队之间存在文化差异和沟通障碍，最终影响了整体计划的执行。在这个过程中，内部顾客和外部顾客可能都感到不满意。所谓内部顾客，指在大团队内的需求下，其他提供服务与支持的团队，比如餐饮部要为客房服务部提供支持，那么客房服务部就是餐饮部的内部顾客。外部顾客则指度假酒店接待的真正的顾客。但值得注意的是，很多时候，外部顾客的不满往往要追溯到内部顾客的不满，事实上，内部服务链条可能从很早的环节就出了问题。

再如创建了威尼斯人的金沙集团，他们有着鲜明的愿景，清晰知道自己的角色是博彩和娱乐行业中的规则制定者，因而不遗余力地提升这些标准，他们通过精明的计算进行着有计划的冒险。

又如万豪的品牌愿景，强调对管理的关注，即使经过了 30 多年，依然坚定不移，并成功地使这一理念的贯彻超越了国界、文化和语言的障碍，成为所有员工能共同执行与遵从的愿景。

聚焦目标（Focus）

目标清晰化，是将一个人、一个团队的能力与特长，和他们将要完成的任务相匹配，并且确保任务清晰明了。这并不是一个简单的工作，这需要非常强的领导力，通常人们愿意同某人工作是因为他们尊重他的领导力及卓越的沟通能力。

执行战略（Action）

行动力与执行力毫无疑问十分重要。值得一提的是，在我们的文化背景中，对上级的任务往往其实是不明白、不懂、不理解，这就导致很多执行人员在不清楚任务目标的情况下盲目推进，无法完成自身的行动，同时会牵连相关其他部门的行动计划。

资源调配（Resource）

资源的评估与整合是考验一个团队领导力的重要环节。在度假地产的开发流程中，资源包含很多层面的意义，经济的、市场的、人力的、运营的、设计的、管理的等等。项目领导团队需要面对许多重大考验：是否能够精准地判断何时需要什么样的资源，究竟是选择外包、引进还是内部搭建，某项资源在特定项目的特定环节是否会用到，这涉及到需不需要投入相应的成本，以及投入多少来保证整体效益的最大化。

目标制定（Goals）

虽然我们都知道目标应该清晰明确可执行，但在通常的情况下，随着项目推行和潜在合伙人的增加，目标甚至愿景都有可能随之改变，所以如何对目标的清晰性和流畅性进行管理，使之量化，是一项重要的能力。

客户分析（Customer）

所有人都了解顾客的重要性，但在从事度假地产开发的企业中，还是有很多人没有在第一时间了解顾客的需求，没有在市场需求方面做够功课，没有看清内部顾客和外部顾客需求的差别，只是基于经济数字模型做开发。度假地产行业是一项竞争非常激烈的行业，那些为数不多的顶尖品牌之所以能成功，正是因为他们精准地抓住了客户的需求。

团队环境（Team environment）

我们需要记住一句话，人是其所在环境的产物。我们需要的团队成员不仅要有能力完成被赋予的工作，同时还要有学习能力、思考创新能力及执行力。但我们意识到，在很多工作环境里，人们只是简单的被给与工作，而创新是不被鼓励的，这样的环境出来的人将会变得僵化呆板，害怕犯错，而这样的团队在度假地产开发方面是很难有竞争力的。所以对于任何人切勿急于下定论，要关注他所来自的环境，就如同我们的家庭是塑造我们每个人的第一环境一样，我们在那个环境里学会了生存方法和适应能力。因此，作为一个开发企业，是营造一个鼓励创新的环境还是一个死板僵化的环境，从整体上决定了其团队的核心竞争力。

市场营销与项目管理 Marketing & Management

在市场方面，除传统市场模式及渠道外，我们尤为重视新媒体及社交网络对市场传播的影响。我们的关注点主要如下：品牌管理、品牌承诺、社交网络、合作伙伴、新媒体营销、营销网络。

在合作伙伴方面，以新加坡滨海湾金沙（Marina Bay Sand）为例，当开发商建设酒店主体结构之后，充分地利用资源整合的共赢概念，依托自身的博彩、商务会议和度假资源分别与高端 SPA、夏普和索尼公司达成战略合作。三座酒店塔楼的定位分别为家庭度假客群、高端商务客群、博彩客群。索尼在家庭客群的塔楼中投放了自家未上市的家庭游戏影音新品，用于用户测试，同时也承担了这一部分客房的内饰成本，开发商既节约了成本，又使这部分客房有特别的卖点，同时索尼品牌也从中获益，并且会不遗余力地更新内饰，不断优化客户体验。以此类推，夏普担当了商务客群塔楼的内饰建设工作，并投放了自己最新的商务电子产品来抢占高端客户的市场先机。

同时，在广告宣传方面，滨海湾金沙有一笔 400 万美元的开业广告费用，却几乎分文未动，因为早在开工之初，金沙集团就与探索频道签订了世界建筑奇观的拍摄合约，整个建筑的建造过程都被收录其中。因此，早在开业之前，该建筑就以其新颖超群的设计和庞大的体量为世人所知，探索频道无形中为这个项目做了最好的广告。

而在新媒体方面也有一个例子，在一次论坛上，一位二十多岁的小伙子——头衔是社交网络媒体专家，面对台下诸如新加坡航空、悦榕庄这样的行业领袖企业的老总演讲，他那随意的衣着与此场合实在格格不入。但是当他开始演讲，大家都不敢再轻视他了。首先，他在大屏幕上在线浏览了在座几大公司的官方网站，毫无意外，每个网页都设计严谨，画面美观，华光四溢，这样的网站日浏览量约 5 000 人。而他之后的举动却让下面的各位大佬都坐不住了，只见他又随意打开了 twiter 或 facebook 的页面，其中随便一个负面评价的浏览量都以百万计。也就是说，各大公司投入大量精力和金钱所打造的正面形象与社交网络媒体上成本几乎可忽略不计的评论完全没有抗衡的能力，网络媒体的出现不仅改变了人们的生活方式，也必然会改变我们的市场营销方式，想要

市场与管理结构图

Opportunity is presented
项目机会出现

回应项目任务书 RFP is used to reply
设计团队到位 Design team prepares
概念和规划 Concept and master plan
项目预算到位 Budgets are prepared
贷款定向 Loans are sourced

项目通过 Project is awarded
合同签署 Contracts defined/sig
设计优化 Design refinements
运营计划 Operational plan
销售概念 Outlet concepts
室内设计开始 ID starts
工程图纸开始 Construction dra
企业人力资源配备 Corporate ma
预售开始 Pre-Sale starts

定义项目 Defining the Project
项目总预算 Full project budgets
工作范围的确定 Finalized project scope
运营与销售工作分配 Operational & S&M assignments
开业路演团队 Pre-opening team
工程价值 Value engineering
检验买方市场 Review business demand

建设方面 Building Phase
审核项目阶段 Review project phasing
政府许可／检查 GVT permits/Inspections
项目财务状况更新 Update project Financials
开始招聘 Start recruitment
处理施工移交计划 Conduct build-transfer plan
全物流计划 Full logistics plan
开业典礼策划 Planning opening event
定价 Pricing
印刷 Printing

项目开业 Opening the Project
交付过程 Handover
清理整洁 Clean up
许可证到位 Permits
培训同步 Training
硬件测试 Testing of plant
推广 Promotion
家具及配饰到位 Move in FF&E-
开业典礼 Opening event

典型项目开发流程

赢得一场战争，若不知道主战场在哪儿，结果可想而知。

　　在管理方面，实际上在传统理解的项目管理（project management）之上，还存在着设计管理（design management）、财务管理（finance management）、关键路径管理（critical path management）、建议书流程管理（RFP management）、理念管理（concept management）和顾问管理（consultancy management）等多个层面。

　　我们在初期就为项目制定典型流程图示来指导项目的进程。从最初的项目机会出现，到项目建议书征询，从合同的签署到项目计划确定，从项目建设到交付使用。每个阶段都有更多的细分流程，用于预测可能的问题，并导

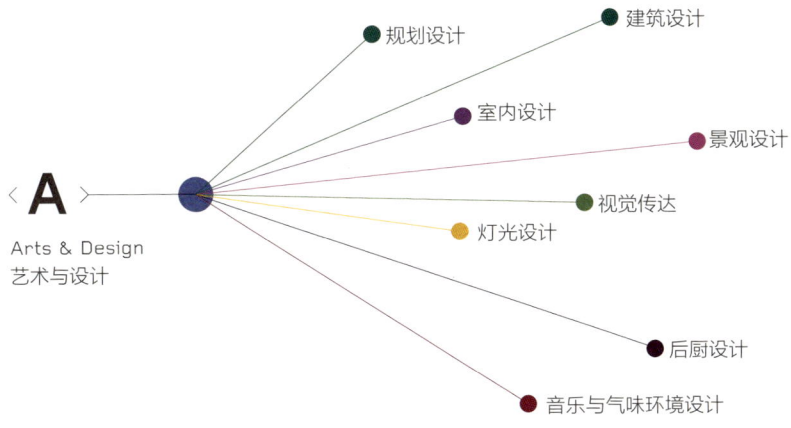

艺术与设计结构图

引人力资源及管理配置。

艺术与设计 Arts & Design

理论上讲,设计团队在整个度假地产开发的流程中,重要程度要排在一些顾问之后,如品牌、管理、运营、经济、营销等。但设计有巨大的杠杆作用,在项目开发中占总投资不足 4% 的设计费用却会撬动占 70% 以上的建设费用,还会涉及到很多重要问题:比如布局定位是否合理,材料使用是否最经济恰当,对未来的商业模式及空间使用趋势是否具有前瞻性等等。所以,选择好的整体规划、建筑设计、室内设计及景观设计团队,虽不能说是关乎项目生死的大事,却也不容小觑。

那么,什么样的设计团队是度假地产项目的理想选择呢?

首先,在整体规划方面,设计团队应该具有类似度假用地整体规划的设计经验,在对环境的优化利用、业态分区、交通动线、运营模式方面有深刻的理解,这样的团队才能向业主方给与充分的助力,并且在项目起始阶段就能协助业主发掘用地的所有潜力和潜在问题,为之后的建筑设计和运营管理系统的建立奠定坚实的基础。

随后,在建筑设计方面,建筑师不仅需要对酒店建筑设计和酒店运营流程了然于胸,最好对酒店品牌和理念也有深入的了解,这样才能在基础层面保证建筑的功能与动线合理,对空间资源进行优化利用。建筑师要能够有技巧地协调结构、机电与暖通等各专业的矛盾并提高效率。而在更高层面,建筑师对度假地产品牌的理解,可以帮他们更好地确立建筑设计的性格,对于品牌的长期发展给客人留下怎样的形象会有重要的贡献。

总体规划设计

在度假地产项目品牌定位清晰之后,作为目的地的几个主力产品及相互关系应该已经定位清晰,下一步就是结合场地特性和周边情况,把这些具体内容落实到地段里,讨论不同的布局方案。以 1 000 亩用地为例,可以分为物理方面的地段研究和内容方面的地段研究。物理方面主要包括地段的可达性、到达地段的各种交通方式和路径、地段内部的地形地貌、生态承载力、地表径流、日照方向和地质情况等等。而内容方面的地段研究则包括酒店、商业、娱乐、养生、会议、水疗、餐饮、培训等各种不同功能相互间的关联与影响,在地段上如何适应地形及动线特点合理布局,如何在基础布局的前提下进一步优化,基于系统整合思想下的资源整合与高效利用等等。总体规划设计所面对的往往是很多看不见的问题,一方面是因为尺度太大,并不是人们通常所习惯关注的建筑造型、立面材料、室内细节等,而是在人们无法直观理解的尺度上的操作;另一方面因为要面对许多

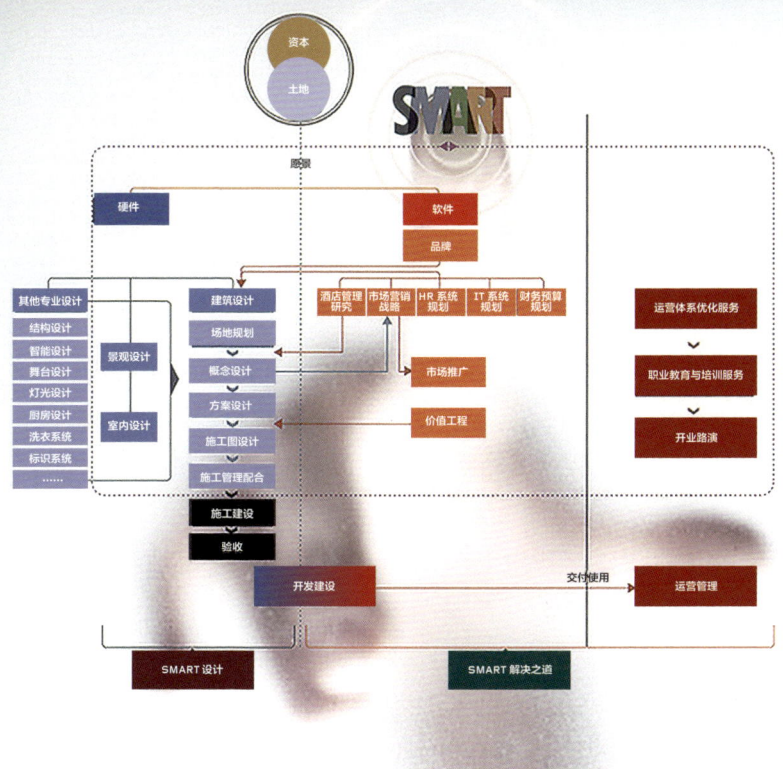

完整的服务解决方案

商业、规划、策划原则来进行设计,这些都不是我们在图纸上可以量化的面积、造价等数字内容,而是基于多年的商业运营规律与经验,不断更新的市场调研资料,从过去的失败案例中积累的经验教训,以及对新产品和新市场大胆预测等,这些都是很难量化及视觉化的内容。那些看不见的东西往往起到了决定性作用,看不见的问题往往也是最危险的问题。

而事实上,只有当一个项目的总体规划定位确立之后,具体地块及组团的建筑设计、景观设计和室内设计才变得有据可循,大家都拥有了共同的目标和评判标准。

以我们杭州西溪英皇影视文化村为例,1 000 亩的用地,建设量约 65 万平方米，位于环境优美的江浙湿地区域，距离城市及机场交通便捷，并且周边有大型产业园的聚集效应。在这一项目中，四大内容分区相辅相成，互为支持，分别设有影视制作、演艺中心、影视相关培训学校、会议会展、独家酒店和商业配套穿插其间。在这样一个产业定位下，首先要剖析这些产业独立的覆盖范围，比如影视制作基地拥有独立的摄影棚，同时有充足的制作室空间，可以覆盖到几小时车程以外的象山和横店影视基地；会议会展中心可以提供城市及周边区域的会议及入住需求，并且对周边产业园区形成配套；商业街不仅为项目内的常住人员提供了服务与休闲空间，也同时服务了周边区域；度假精品酒店与酒店式公寓因湿地资源作为度假目的地覆盖了更大的客户群和区域，但同时也可以为会议会展参与者提供额外的入住空间及多元化的选择；影视培训学校从招生方面会覆盖很大区域，而培训的学生则可以直接投入制作基地的工作需求；演艺中心不仅为会议会展提供了可能的扩容、活动及颁奖空间，同时成为吸引周边客流的一个目的地，也为演艺学校的学生提供了实践及实习的机会。当每一个板块的需求、覆盖范围、服务对象定位清晰之后，再关注它们相互间的关联，自然会引发对相关板块联动及效益最大化的考量与讨论。比如制作基地与培训学校的关联，度假酒店和会展中心的关联及互动，演艺中心和会展广场的联动和借势等等。大型度假文化地产综合体的最大优势就是 1+1 > 2 这个逻辑，各个板块在互相支持和促进的过程中，创造了新的市场需求，新的产业链，而同时降低了整体运营成本，为客户提供了一站式便利服务平台。当然，在这个过程中，因为项目的复杂性，可能会出现超出控制范围的沟通成本增加问题，这就需要通过对运营管理标准、人力资源架构这些软件方面的关注来予以解决。又一次，看不见的内容对一个项目的成败起到了决定性作用。

研究与标准 Research & Standards

　　研究与标准制定实际上是我们在 SMART 五项中最希望排在首位的一项，

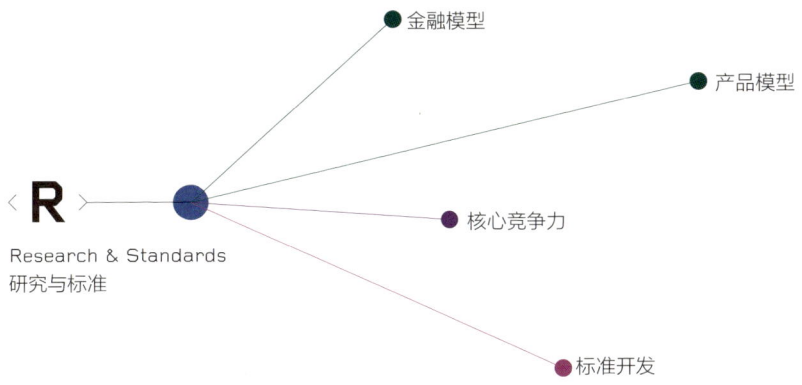

研究与标准结构图

因为没有精确的研究与产品定位，其他一切都无从谈起。

在这一方面，我们关注金融模型、产品模型的建立，关注核心竞争力的定义和标准的研发。在这一领域 SMART 团队花费大量精力关注如何在度假地产平台上提供独特和具有竞争力的产品。比如专门针对婚礼和庆典业务的产品设计，可能由婚庆前、婚庆中和婚庆后的一系列服务形成链条，由婚庆旗舰店为情侣提供选择婚庆产品的机会，由专业团队策划并执行婚庆，由后期团队负责安排新婚夫妇和家属的婚庆后蜜月行程。一条产业链的形成及其长尾效应是与一个多元化的产品研发团队分不开的。

因此，大家可能会注意到在 SMART 度假地产峰会上最核心的是内容，通过对内容的关注来产生新的产品，从而决定度假地产平台将容纳怎样的产品。

在这方面，SMART 团队甚至会通过国际创客竞赛的方式来研发最适合未来客人需求的产品，比如我们的"动产"帐篷酒店，以及适应从餐饮到会议、从聚会到锻炼各种需求的 5D 数字化空间等等，都是来源于用户并具有前瞻性的新产品典范。

教育和培训 Training & Education

与前四项不同的是，教育与培训关注的是项目中的软实力——人力资源的配置情况，同时也是影响项目成败的核心，对于运营型地产来说是至关重要的部分。

我们关注项目人力资源架构（project HR structure）、运营人力资源发展（operation HR development）、技能开发（skill development）、市场团队培训（marketing team training）、管理团队培训（managing team training）等方面。

在人力资源方面建立战略合作伙伴关系也是事半功倍的，分为计划、发展、分享和管理这几个环节。发展员工的技能，使其满足实现商业、组织、标准和品牌承诺的需要。建立培训路径，质量与资格认证项目等都与一个好的人力资源合作伙伴密不可分。

比如以旅游和酒店课程为核心，就可能衍生出酒吧与餐厅管理、导游、厨房营运、烘培、商业烹饪和活动管理等相关培训种类；而仅开业前人力资源开发就包含了项目设计、课程定制、内部能力建设、培训进程管理和模拟定制等重要环节。

人力资源合作伙伴的介入会随着项目的推进而逐渐减少，直至业主方完全接管物业的管理。通常是遵循从培训计划，设计和动员开始，首先是对培训师的培训和管理培训，之后是项目开业前的模拟路演，最后是开业后的后续支持与考核。

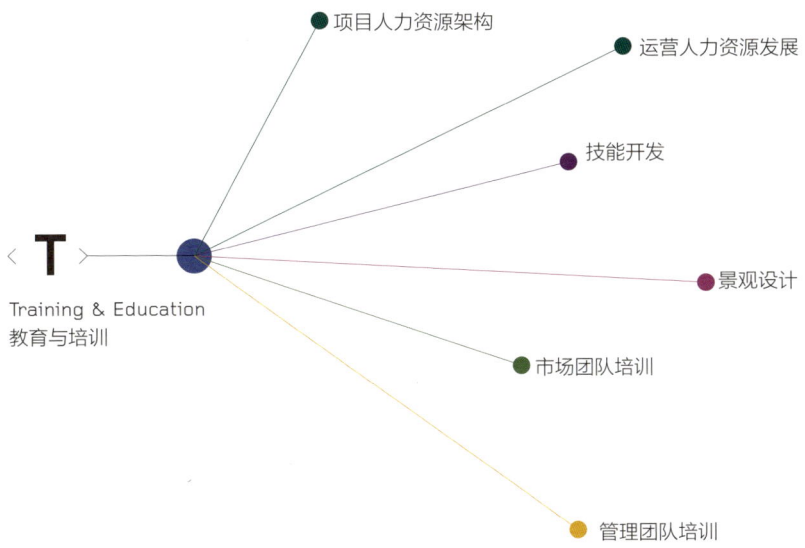

教育与培训结构图

SMART INTEGRATED RESORT DEVELOPMENT FULL LIFE CYCLE SYSTEM

战略 + 策划
Strategy & Planning

SMART
度假地产全生命周期

REBUILDING A SMALL YET BEAUTIFUL WORLD

重建小而美的世界

金准

金准,中国社科院旅游研究中心秘书长,副研究员,管理学博士,旅游休闲业年度权威报告《休闲绿皮书》副主编。多年来致力于旅游宏观政策、休闲产业发展等方面的研究,主持或作为主要参与人参与中国社科院、国土部、财政部、国家旅游局各单位委托的旅游休闲业相关重点研究课题几十项,出版著作多部,在《人民日报》、《旅游绿皮书》、《休闲绿皮书》、《旅游学刊》等权威刊物发表论文几十篇,相关观点和论述被广泛讨论、引用。

最近几年旅游地产投资进入井喷期，占地几十平方公里，投资额达百亿左右的项目一笔接一笔（详见文章附表），据有关部门统计，近年来宣布的旅游投资已经达到数万亿，这其中主要是与地产相关的旅游项目，而过去三十年中国旅游业辛辛苦苦累积起来的投资额不过 6 000 亿，地产界几万亿的投资一下冲进几千亿的旅游业小湖里，把小湖涨成了大海，传统旅游业留下的老规则都失效了，新的规则看似明确，却又不太明确。

今天地产操盘旅游业的主流模式，是旅游综合体的模式，以长白山万达项目为例，做了三个层次的设计，第一是把长白山的品牌和环境作为基本吸引，构建度假小镇，形成吸引中心；第二增加高尔夫球场和滑雪场项目，吸引人气，形成人气中心；第三配套地产，形成利润中心。三个中心相互支撑，缺一不可，没有吸引中心，构建人气中心的成本倍增，甚至可能很大的投入都无法聚集人气；没有人气中心，利润中心的地产收入无法回收；没有利润中心，人气中心的成本无法弥补，用长白山造势，用人气中心聚气，用利润中心回血，吸引中心、人气中心和利润中心是三位一体的关系。

这样的模式看似有很多商业上成功的案例已经在中国立起来了，但里面有三个难以回避的问题：

第一，政府能否长期接受这样的操作模式？短期看，地方政府特别是欠发达地区政府需要这样的巨额投资，以开发区域、推进城镇化来助力经济，但地方政府土地指标非常稀缺，一个这样的综合体项目，可能用尽其五到十年的用地指标，令地方政府再也没有余地用来调整产品和结构，由此可能导致地方政府的旅游结构非常的硬化僵化，控制权更被外来投资商所占据。此外，一个巨型项目是否能长期可持续地带动一个旅游目的地，是值得怀疑的，至少我们看国外的经典度假目的地，极少采用这样的模式。今天发达地区的政府，已经在尽可能拒绝这样的投资，把规划和一级开发权握在自己手里，欠发达地区政府也会慢慢掂量这件事，旅游和地产的联姻，开始是喜笑颜开，但也可能走向另一面。

中国旅游业数百亿规模的投资项目
上海迪士尼乐园项目（250亿）
神农架林区项目（365亿）
哈尔滨三马地区城市综合体（220亿）
国家时尚创意中心—北京时尚创意产业园（300亿）
济南文化产业园区（400亿）
鄂西生态文化旅游圈（合计投资600亿）
广东省文化改革发展综合试验区（200亿）
青岛华润中心项目（200亿）
北部湾"千亿元文化产业"投资项目（合计500亿）
克拉玛依世界名人文化城项目（200亿）
湖南昭山中建仰天湖绿色养生示范城（200亿）
吉林万科松花湖国际旅游度假区（400亿）
青岛凤凰岛国际旅游岛区项目（480亿）
洛阳唐城古镇（260亿）
厦门翔鹭文化产业园项目（283亿）
天津旭辉旅游产业园（313亿）
临沂东方之爱影视文化旅游产业园（220亿）
……

中国旅游业正进入超大投资时代，出现一大批数百亿规模的项目，改变了旅游景区的常规法则。

第二，游客能在多大程度上接受这样的模式？今天的万达项目、华侨城项目取得了暂时的市场成功，不代表中国能够复制一百个这样的项目，纵观国内各大已建和在建的综合体，模式类似、业态类似、吸引力也类似，当地特色和当地居民处在被边缘化的位置，见屋不见人，见国际不见当地，是普遍的问题。更为重要的，是一家通吃的开发模式上，多样性投资形成的丰富吸引力消失了，看巴厘岛，看马尔代夫和塞舌尔，这些著名的度假目的地无不引入众多星星点点的中小投资商，打造各具特色的旅游度假设施，最后构成一个无比丰富的世界。旅游地产模式的三环里，人气中心能否成功吸引人气，是关键一环，一旦吸引人气失败，会直接影响到地产的销售和增值。城市开发普遍认可有机更新的理论，城市要像一个有机体一样生长、更新，旅游度假地也应该是一样的，所谓旅游地产，既要做地产，也要做旅游，缺乏长期旅游吸引力的地产，最终会是失败的地产。

第三，投资商是否能在这样的模式下普遍获益？大型旅游综合体是一家通吃、大者恒大的模式，一个巨型项目落地，排除了竞争、排除了效益外溢，也排除了别的投资商的投资机会，中小投资商更在这样的过程中被排挤在外。随着类似项目不断落地，巨量地产被推向市场，市场能否持续消化这样一些项目，投资商巨额的投资和财务成本能否平衡，存在越来越大的风险。

回过头来，在巨额投资主导中国旅游业的外貌之下，小而美的案例一直存在。一百年前，英国传教士李德立在庐山用或购或长租的方式获地 4 000 余亩，他做了一个控制性的规划，并把所有的地划成每块面积约 2 800 平方米的小块，编号出售，每块土地上限建一套别墅，规定建筑密度控制在 15% 以下。几年后，整体生态景观突出、总体布局完善、基础设施良好、建筑姿态各异的庐山牯岭初步成型，这就是今天的度假名山庐山的发展历程。今天，在杭州，在大理，在桂林，小而美、繁复而多样的投资生生不息，这些地方吸引着越来越多的游客，给予开发商新的投资回报的模式。简单的大规模的旅游加地产的投资单体，变成了一系列中小规模的旅游加智慧加地产的投资群，同样在吸引着大批的才智型投资，创造新的财富故事。

"郝堂茶人家"鸟瞰图局部

BAOQUAN ZHANG: A HARMONIOUS CO-EXISTENCE OF ART & BUSINESS

张宝全：当艺术与商业融合

刘长杰

张宝全，江苏镇江人，下过乡，做过木匠，后来参军成为一名炮兵，再后来先后成为一名战地记者、导演、作家、画家、书法家。他还是一个成功的商人，将当代艺术产业与电影产业融汇进度假产业之中，创办了中国最大的民营美术馆——今日美术馆，率先将度假目的地模式引入中国，打造出中国第一度假目的地综合品牌——红树林度假世界。

有人评价张宝全是"地产圈里最懂艺术的人,艺术圈里最懂地产的人"。早年做房地产的时候,他就在强调地产项目性价比的同时,注重地产观念的创新和地产与文化的互动,提出"文化地产"与"地产文化"的概念。20年过去,他又带领今典集团成功地实现了由传统房地产企业向多元化信息文化产业的转型升级。

关于这大胆的转型,张宝全说:"很多做传统地产的开发商,很难说清楚自己五年之后要干什么。但对今典来说,十年甚至二三十年之后要做什么,我们都知道了。企业发展的关键就是创新,2007年,今典以牺牲传统地产的盈利为代价,全身投入'红树林模式'在全国的布局,赢得了未来。"

创新精神打造"红树林模式"

近些年来,旅游度假地产在国内蓬勃发展。其中的一种,传统产权式酒店也是开发商与投资者关注的焦点之一。但开发商许诺的高回报率吸引了投资者的同时,也要面对其所引发的种种问题。比如运营数年之后,事前承诺的回报率高于正常盈利,酒店无法继续为业主提供返利,导致了开发商、酒店管理方、业主三方之间的矛盾。

而张宝全所提出的"红树林模式",则是与这种传统模式并不相同的"股权式酒店"。概括地说,酒店的大部分客房与配套业态由开发商自行持有,是大股东;而投资人业主在拥有产权和享受度假权利的同时,成为酒店的小股东,或者说"合伙人",按照投资比例享有酒店所有经营利润的分红。"业主得到的不仅仅是租金收益,投资变成了'全利润合伙',所有发生在酒店里的一切消费,娱乐吧、艺术汇、餐厅、电影工坊、水上乐园等所有商业配套的盈利,小到喝一杯咖啡的钱都会对业主进行分红。"张宝全如此解释道。

在投资人购买红树林的客房成为业主后,即拥有该客房的独立产权,可以根据自己的需求对客房进行出售、抵押与转让,同时每年享有30天免费居住权,并在全国所有的红树林度假世界与酒店自主换住。红树林已经在中国一线旅游度假目的地城市进行了布局，未来五年内，全国将有十余座红树林酒店，业主可以实现冬住三亚、夏住青岛，买标准间，住总统套房的自由换住。

根据业内的数据，中国的酒店 50% 以上为亏损状态，这主要是因为大部分的酒店还是以房地产配套模式来做的。开发商在做酒店时本的是传统住宅开发的心态与经验，对配套物业、后续经营重视不够。而张宝全的"红树林模式"，使得开发商、酒店运营者与业主之间有了三赢的局面。

三亚湾红树林度假世界于 2012 年 9 月 19 日一期营业，到 2012 年 12 月，当月营业额已经达到 1 700 万元，而月均经营成本是 1 000 万元，开业三个月即实现了盈利。红树林品牌的开山之作——亚龙湾红树林度假酒店，也是 2005 年开业当年便盈利，并且自 2005 年至今营业额年均增长达到 36%。据张宝全介绍，亚龙湾红树林度假酒店和三亚湾红树林度假世界一期，2013 年营业额达四亿元。

用"穿越"引领休闲度假时代

红树林模式的另一个创新，就是通过整合资源，将文化、时尚、休闲、养生、艺术等元素融入酒店业中，满足中国人新出现的对度假全生活模式与会议会展产业模式的需求。增加旅游地产附加值，实现酒店的良性商业经营。

张宝全将红树林的主题定义为了"穿越"："红树林是综合体，相当于大片。任何电影都有一个主题，你的旅游度假地产的主题是什么？我们是穿越，是从当下日常的现实中逃离，穿越到脱离现实的度假生活里，提供给人们日常生活里无法获得的体验感受，就好像一场梦，甚至让人分不清自己到底是梦是醒，这才是会让人趋之若鹜，甚至有上瘾感觉的度假生活。这才是休闲度假产业的核心竞争力。"

为了实现这样"穿越"式的度假理念，占地 70 万平方米的三亚湾红树林度假世界拥有着极丰富的配套物业。这里有可同时容纳 7 000 人会议、5 000 人宴会的国际会议会展中心，有世界最大的酒店艺术汇——今日艺术汇，即将建成

海南三亚湾红树林度假会展酒店

中国最大的多元主题水上乐园,东南亚、中东与夏威夷多国风情运河商街,顶级婚礼堂和庆典广场,可自由拍摄制作电影、用作电影制作地的"电影工坊"。这种全方位度假生活方式的营造,满足了中国人从功能消费向文化消费、生活方式消费转型的需要。

正如张宝全所说:"就像我们在家买咖啡机可以做拿铁,但还是愿意去星巴克,这不是去消费咖啡,而是消费喝咖啡的生活方式。三亚湾红树林这个酒店,很多人觉得它不一样,有今日艺术汇、书店、东南亚风情商街等等看起来不相干的部分。今年有好几个会议预定在别的地方举行,但最后还是专门挪到三亚湾红树林了,就是因为这种不同的部分,这是所谓文化消费,也就是生活方式消费。"

同时,张宝全还强调,一定要做适合中国本土的度假产品。虽然拉斯维加斯式的度假氛围是他的梦想,但他也很清楚,中国人的度假习惯与外国人是不同的。不同于更适应独处的外国人,中国人更喜欢群居,喜欢热闹。红树林要做的是更适合中国人的"全生活度假模式"。

三亚湾红树林之所以能够打破酒店业一年亏损,两年持平,三年才能盈利的"魔咒",在首年就实现盈利,与这种"中国式全生活度假模式"营造出的"穿越"体验是分不开的。但在张宝全看来,这仅仅是一个开始,现在三亚湾红树林开业运营的部分只占总体规模四分之一,还没有成功达到"完全穿越"的目的。但是,一期开业的业态已经呈现了这方面的态势。顾客现在可以看到四分之一开业的部分,并从四分之一去想象那四分之三还没有开业的部分。他说:"等 2014 年 9 月,三亚湾红树林全部建成开业,红树林模式远离现实的穿越体验、穿越大片才是真正的全景呈现。"

当艺术与商业融合

从 20 世纪 90 年代今典集团涉足房地产以来,从最初开发的今典花园,到接下来的空间·蒙太奇、今日家园、苹果社区与22院街等所有项目，都讲究艺术特质和文化气息的营造。张宝全用文艺思想指导房地产项目的设计和建造，用心去寻找有关文艺的灵感。无论做什么，"艺术"都成为了他的独特标签。

追求艺术与商业的共存共赢，也直接导致了今典从单纯的房地产业向多元化文化产业的转型。谈到事业方向的转变，张宝全回忆道："如果我当时做传统的楼盘，2007年我都可以上市了。这些年也有地方政府找到我，说想要苹果社区带22院街那样的文化社区产品，把最好的地、最便宜的地给我，但我们还是毅然转向了度假产业。"

而红树林，就是张宝全通过商业运营来实现文化艺术理想的代表作。他说："红树林系列最大的优势就在于，既具备外形也具备内容，既充满想象力与美感，又能充分满足多种商业运营需求。"

今典集团多年运营文化艺术产业的经验，都毫无保留地投入了红树林品牌之中。比如依托今日美术馆、代表着中国当代艺术产业化、市场化发展的今日艺术汇，以国际通行的"画廊模式"运营的酒店艺术空间，将美术馆、休闲咖啡吧、艺术书店和设计商店融为一体，构建艺术品的展示、交易、拍卖平台，将艺术品的展示和出售延伸在红树林酒店的每一个角落，就是一个极好的例子。

"我们能有今天这个果是因为我们有之前那个因。在房地产暴利时代的时候，我们发展没别人快，还把很多的精力和钱花在'不务正业'上。"张宝全这样评价道，"而走到今天，房地产面临转型，以前所做的事情都为我积累了资源和经验。"

对于红树林模式的未来，张宝全充满了信心："我知道未来需要什么。现在正在一点点证明我当初做的方向全做对了。作为一个商人，你前期可能不是做得最好的，但是你要站在战略的角度去把握和发现未来，你要去不断地创新，你的坚持在未来会帮你的大忙。未来，度假生活会成为大多数人生活的组成部分，而红树林，就是对这样一种未来趋势的满足。"

三亚湾红树林酒店夜景,海南

ZNA 设计三亚海棠湾红树林酒店效果图，海南

对话张宝全：红树林盈利的秘密

对话背景

三亚湾红树林备受业界关注的原因是其"股权式"酒店运营模式：客房具有独立产权，可出售、转让或抵押，业主享有每年 30 天全国红树林的免费自住权益，年终根据酒店经营业绩享受酒店全部业态的分红，业主相当于酒店的"股东"、"合伙人"。

三亚湾红树林酒店开业第一年就实现盈利，这在中国酒店行业很少见，创造第一年盈利的原因是什么？

中国的酒店业 50% 亏损，我个人认为这是由于大部分酒店使用的还是房地产开发的模式，通过设置酒店来使住宅价格高、卖得好。但是传统的商业酒店模式并不适合中国新出现的度假需求、度假生活方式以及会议会展方式。要满足这些新的变化，就意味着酒店的变革。

红树林完全是针对中国人的度假休闲生活方式来设计的。有的人认为酒店的设计应当崇洋媚外，但是实际上来消费的 80% 以上还是中国人。外国人度假真的是找个地方在海滩上晒太阳，但是亚洲人跟白种人不一样。东方人喜欢群居，不喜欢孤独；老外地大人少，习惯自娱自乐。中国人是在人与人之间的关系中获得生存和利益。澳门威尼斯人酒店为什么最好？因为最大最多，虽然客房只有 3 000 间，但商街人流有四万人，周边酒店的人都过来了，一般酒店没有这么大的赌场、商街和吃喝玩乐。最适合的就是最好的，对中国人来讲，最适合中国人就是最好。精品酒店在国外都是盈利，但是到了中国全是亏损，第三产业是生活方式和生产方式的综合，生活方式的不同带来消费的不一样。

三亚湾红树林这个酒店很多人进去一看都觉得不一样，不仅觉得品质不一样，它还有娱乐吧、今日艺术汇、书店等等看起来不相干的部分。度假目的地要没有这些当下最好的时尚、艺术、休闲、文化、娱乐的整合能力，即使盖好了也无法运营。三亚湾红树林的地段不是最好，不在海边，但是我们有专车把客人带到海滩。尽管如此，第一年盈利说明它有最基本的入住客流和人群。虽然我们的会议中心还在修建中，但是我们的休闲空间很多。有好几个会议，比如关于二手汽车500多人的会议，在别的地方预定了，但是专门挪到三亚湾红树林，一是看看艺术汇，二是看看娱乐吧。

我们的团队不一定经验很丰富，酒店的营销也做得不够，但是开发公司的销售和品牌宣传代替了酒店的营销，大多数客户慕名而来。大家对全度假生活的模式有好奇，能在酒店看见书店，勾起人们对生活的记忆，这种记忆退化、丧失，又在我们酒店找回来。三亚湾红树林开业期间销售最好的是今日艺术汇，开业一星期艺术汇作品一售而空。但是整个的供应其实没有完全做好，卖完就没了。现在我们也开始慢慢规范化，提升物流配给。

红树林酒店为何如此强调与艺术的融合？今典获得了怎样的回报？

一期的艺术汇，最重要的是度假生活方式的营造。度假目的地想让人下了飞机呆三到五天，而在里面能够给他三到五天每天不一样的吃、不一样的玩、不一样的闲、不一样的乐，如果做不到这些，就不是度假目的地。好在艺术是我们的优势，今日美术馆是中国当代艺术的代表美术馆，它不仅有展览，最重要的是学术和标准。中国艺术类图书出版我们一家占50%，我们有一定的话语权，能进美术馆展览成了一个台阶，给你带来的好处是你不缺艺术资源。艺术家其实想通过你的展览让自己进入市场，今日美术馆做标准、学术，今日艺术汇做市场。

三亚湾红树林马上会全面开业，去年开业的艺术汇是亮点，明年开业的亮点是水上乐园、电影工坊。电影工坊有12个电影场景，电影场景跟电影棚不一样，电影棚只能看不能用,我们的场景是实景,可以用。当你走到咸亨酒店,可以坐下来点一壶老酒,一盘茴香豆,你可以喝一会儿,吃一会儿。你既可以拍微电影、广告、照片,又可以消费和享受这样的环境,这样的穿越给你带来非常真实的体验。青岛红树林电影工坊有8 000平方米,一个青岛的家庭早上来可以玩到很晚再走。

五年十余座红树林酒店的计划,目前的进度如何?您对此信心有多大?

五年十余座红树林,相当于80个传统五星级度假酒店。目前已经在三亚(亚龙湾、海棠湾、三亚湾)、青岛灵山湾、云南丽江、广州从化、成都都江堰、杭州、拉萨、浙江嵊泗等多地布局,大部分都已获得相关土地。不管在哪个城市,度假概念做不进去就不叫度假目的地。很多城市做的是传统规划,硬生生把地切碎了,一些功能不对,于是不少地方都按照我们的规划调整了指标。最后变成了三年多来,我们干的不是我们自己公司的事,而是帮很多城市做度假规划。比如拉萨,整个拉萨河西边,拉萨市唯一能够外扩的10多平方公里,整个度假旅游区规划都是我们参与做的。

浙江嵊泗政府受我们的影响也觉得规划很重要。我觉得嵊泗的资源非常独特,那里有个岛上有座1870年英国人盖的灯塔,灯塔非常大,全是手工建起来的,到今天为止我都觉得那个灯塔是艺术品。我们在岛上做1870年的感觉,上岛必须要换衣服,手机等电子产品要丢下,上面全部是绿色能源,没有化学能源。对客人来讲,在岛上面只能写信,邮差骑马送信;可以打电话,电话是手摇发电。让所有的现代文明全部消失,重新回到那个时代,这是真正的穿越。

我们每一个项目在前期至少花两三年时间,现在凡是上了我们官网的,基本上是跟政府签过协议的。在项目选择上,我们主要考虑资源独特性、气候独特性、时长优势,由此再往上延伸。

文章节选自《新浪人物周刊》

LEARN FROM FOREIGN EXPERIENCES TO PROMOTE DOMESTIC REITS

借鉴海外，推动国内地产信托基金发展

李犁

李犁，和讯财经中国会秘书长，央视、央广、CRI（中国国际）评论员

全球实体经济的资本化，国内资产证券化，以及国九条明确了国内的个人投资海外的合法性，说明大格局上地产信托基金（REITs）发展是大势所趋。

海外房地产信托基金，从它的风险收益特征来看，到底更像一种股票，还是更像一种债券呢？还是其他？这决定了什么人适合投资它。当然机构另当别论，他们有专业的人士操作。信托公司有 QD 的额度，或者国内的券商有 QD 的额度，从这个风险额度来看，我们能不能用一种最简明的语言、大家听得懂的语言定义一下 REITs 是什么？风险、收益特征是什么？适合哪些人投资？

REITs 产品的基本特点，它最初是在 20 世纪 60 年代的美国产生，之所以做这么一个产品，就是希望能够给中小投资人投资大宗物业的机会，这个产品的投向是能够产生稳定现金流的持有型物业，REITs 本意是让大众可以参与到一些相对稳定的收租型物业的资产的收益分配当中，因为大众的钱一般不多，通过投资地产信托基金的公募产品（REITs），参与到一些大型的物业。发行人通过组建专业团队，收购（拥有）并管理这些物业，以提升价值空间。它的性质本质上更接近股票，受利率的影响比较大，恰恰说明它（REITs）具有股票性质。有位在海外开发房地产的朋友与我们探讨，原来准备在美国买一些商业地产，带着租的业务，然后再上市。如果利率会逐渐上升，这样它将来会影响到 REITs 的价格，有可能就会往下走，这是一个下行的风险。第二，上次金融危机期间很多人租不起，这是很大的麻烦。这也是投资机会，有一些私募基金把这些物业买下来，然后打包证券化，发行公募产品，让大众参与投资，用物业的稳定租金（现金流）回馈给投资者，有的国家对此甚至有些刚性的要求。

目前除了国内海外购房的一批人群，还有一批人群他们没有移民或者海外子女教育的问题，更愿意到海外投资金融工具，变现相对比较灵活。当然，还是有些私募产品，例如：赛富地产在中国做的连锁白领公寓类的私募 REITs。

简单地说，REITs 在美国是介于债券和股票之间的产品，通过租金的收益获得相对稳健的回报率，30 年来在美国的平均回报在 7%～8%，这个回报率比股票低，但是比债券高。因为它 2/3 的收益来自于派息，只要公司有钱挣，有租金挣，那么它的派息率非常高。所以通过 REITs 公司股票的收益，2/3 是派息，1/3 是股票溢价。稳定的派息，可以让老百姓承受的风险相对较低，亦可以参与"团购"物业资产，同时将"份额"转让，具有较好的流动性。因此，全美国，几乎每家投资基金 20% 的投资配置都是 REITs，它适合于一个机构做稳健投资配置。同时由于它是公募产品，通过股票发行，它的流动性又让老百姓参与了这些有经营收益物业的长期升值，所以它是介于债券和股票两者之间的产品。美国在次贷的时候，有一篇文章叫"REITs 绕过了金融危机"，REITs 是非常好的投资领域的配置产品，因为它是房地产性质，是不动产，就算你亏到底这个房子还在。但是我们不能说是股市的稳定器，或者说是投资的担保，因为不动产的价格变动区间有时是非常大的，租金的价格会随之有较大的波动。另一个方面，网络、高科技类的很多公司风险非常大，可以亏得倾家荡产。REITs 只要杠杆率不太高，这样的资产通常不会归零，可以把本金还给你。即使出现了次贷危机，公募（公开上市发行）REITs 虽然房产贬值了，但租金又得到了增加，分子是租金，分母是房子的价格，分母减少了，分子增加了，所以又平衡了。

公募 REITs 在美国金融危机的时候，最高的平均收益率达到了 40%，这是非常高的，可见它是防御性的资本投资工具。即使对高净值人群来说，也是要配置这类资产。股票、对冲、黄金，或者其他相对风险较高的配置之后，放 20% 在 REITs 上，属于稳健型投资。

没有 REITs 就没有美国商业的今天，几乎所有的写字楼、公寓、超市、商场等背后都是 REITs。它把所有的连锁商业进行资产证券化之后变成产品，REITs 是整个商业产业发展里面最重要的经营场地的资产化。目前来说，在世界范围内总的 REITs 市场的规模已经达到了 1.4 万亿，这其中美国占绝大多数，已经达到了八千亿美金的规模。从规模的扩张速度来看，我们可以看到它年均的复合增长率达到 15% 的水平，已经很高了。从国内市场的投资人认可的角度，包括物业的持有人对这个产品参与的热情来看，它将是中国未来非常有生命力的产品，尽管目前在中国只是初露端倪。

REITs也可以有地产开发的机会。REITs基金使得连锁商业彻底摆脱了被人控制租金的局面。重资产，由基金做；轻资产，由物业管理公司做。例如：万豪酒店的管理公司上市90年，万豪酒店的REITs上市19年，两个市值是不分伯仲的，万豪的房地产为万豪酒店定制的物业进行开发，万豪的品牌管理公司来经营管理。这与国内常规的开发商不同，不是开发后卖楼，而是围绕品牌建设。作为一个REITs的发行人，其实重点是拥有这块物业，并且通过管理让它升值。开发不是为了销售，它们都是为了品牌建设，比如像凯德置地那样。

有时一个私募基金收购土地完了之后，进行开发，之后再卖给REITs，REITs本身也会有土地，这个地开发建设之后是为了持续经营下去。出租才有稳定的租金，如果把它卖掉风险比较高了，这就不能叫REITs。

中国REITs业内的呼声有20年的时间，但是中国REITs的推进真正从监管部门到业内的机构主动的参与是2007、2008年左右的时间段。

2008年央行和证监会，还有一些相应的政府部门成立了相关的研究小组，当时这个启动还停留在对产品的研究和认识阶段。到2009年，由于在2008年我们在做一个REITs产品，这个产品很顺利地报到国务院，在国务院相关的批复下，2009年央行牵头成立了11部委关于REITs的推进小组，正式拉动了REITs的推出大门。推进最快的阶段应该在2012年，2012年8月份中国第一支银行间市场的REITs以天津（楼盘）保障房作用基础资产，正式推出了，募集的规模是20亿，销售在半天的时间内就完成了。到2012年底，这个产品出来之后，证监会也加快了推进的步伐，希望能够把交易所的REITs产品正式推出，首单中国第一支REITs产品正式在深交所挂牌了。

中国推出Reits的主要障碍，从监管的角度有如下几个问题：

第一，中国税负太重。无论是资产的转让，还是通过股权等形式，企业账面资产增值越多，出售完成之后面临的所得税的税负和土地增值税越多，还要包括交易环节的契税，对于企业来说税是考量发行 REITs 所需成本的重要部分。

第二，产品的基本法律关系。从新加坡到香港基本上都是采用契约制的形式。我们推的交易所的产品，也希望按照国际上通行的产品结构，比如契约制、信托制的方式。信托是真正能够做到隔离的产品结果，但是我用信托的方式做这个产品的时候是真实的出售和交易，所以信托登记不能抵消税负，从而不能带来效益。从这个角度来说，我们需要从产品结构的设立上克服这个困难。

海外的 REITs，这样可以给大家带来一个比较稳定的收益，而且相对于很多周期性的股票来讲，它确实有一定的抗周期的作用，而且在 REITs 里面也可以挑到一些蓝筹。顺序上，投资策略可以是先海外，后国内。国内这部分的 REITs 也是非常值得期待的，随着我们制度的成熟，随着我们结构上、设计技术的提高，我们一样也有投资价值的国内地产信托基金，这是我们长期看好的。

CONVERSATION: STRATEGIES FOR EXPANDING CHINA'S VACATIONING REAL ESTATE MARKET

对话：中国旅游度假市场的拓展战略

时间
2013 年 8 月 23 日
地点
2013 首届 SMART 大会现场
主持人
王旭，SMART 度假地产专家委员会秘书长
嘉宾
潘小科，万豪国际集团中国区酒店业务发展高级总监
陈宗冰，传奇旅游投资（集团）有限公司总裁
Steven Hicks，新加坡 SHA 酒店管理顾问有限公司总经理
陈南光，州逸酒店和度假村集团高级副总裁

王旭_

今天出席对话的各位都是酒店管理、酒店品牌方面的资深人士。先从潘小科先生开始吧。我想了解一下万豪在未来三年到五年的时间内,在中国市场的拓展方略是怎样的?第二个问题,我们下边有很多的开发商,他们对于引入万豪这样的品牌是非常感兴趣的,那么请问,万豪在选择项目时会有哪些条件和关注点?

潘小科_

万豪已经有 80 年的历史了,目前在全世界管理着 3 800 个酒店,在中国约有 60 个酒店。目前在建的项目大概有七八十家,另外还有一些项目是属于前期意向阶段的。以万豪在全球的市场份额做背景,我们在中国发展的步伐还是保持比较稳健、比较慎重的战略,未来短期内我们依然延续这样的发展战略。总体来说我们看好中国市场,目前中国也是万豪国际集团在全球除了美国以外的第二大市场。但是在发展的过程中,我们依然坚持选择高品质的项目,与业主实现投资双赢的战略。

这两年我们看到旅游地产项目或者综合的旅游型项目越来越多,这是一个发展的趋势,参照美国、欧洲以及日韩的发展历程,当人均 GDP 达到五六千美元以上的时候,老百姓对于休闲的消费需求会越来越旺盛。我们也理解为什么现在这么多旅游项目在进行中。我们的选择标准,还是选择打造旅游目的地的项目,而不是那种为了卖几百套房子的地产项目。

我们目前进入中国的品牌有九个,每个品牌都可以涉足旅游市场,包括丽思·卡尔顿、万豪等。我们再根据不同项目投资预算、项目所在的区位等实际情况做详细的定位和分析。还是强调一句话,我们既然做旅游地产,选择的就一定不是纯粹的地产项目。

王旭_

谢谢潘总。因为设计师思维都比较跳跃,我想跳跃到传奇旅游的陈总。之前我们阅读传奇的资料时就发现非常有趣的一点：你们每个项目都不同，但是都会把传奇加在前面。所以具体到每个地点的时候，既有当地的特色，也有保持一致的传奇品牌和标准。那么您在打造传奇旅游品牌的时候，所遵循的标准是怎样的？是如何和不同的地点对接的？此外，传奇旅游品牌的差异性主要表现在哪些方面？

陈宗冰_

我们进入旅游投资行业完全是无心插柳，不像别人想的是经过深思熟虑或者经过很多调研。五年前有一个挺偶然的机会，受邀做了一个景区的改造，结果做得很成功。后来一个接一个做，到今天我们有六个景区的合作。

中国地方很大，好的旅游资源太多了，我个人认为没有必要开太多的新景区，因为很多的客流量大的景区管理得一塌糊涂，几百万人去了，体验却很差。我们做景区的目标是对那些已经有了几百万人的景区进行改造，让大家获得完全不同的感受。我们先后跟南岳衡山、张家界、长白山等合作。我们觉得自己实际上是在帮助挖掘有品牌价值的情趣点，所以就选一个相对低调的名字，传奇跟在谁后面，都不会去模糊大家的视线。衡山是衡山传奇，长白山有长白山传奇，所以我们希望跟谁一起合作，不要抢他的戏。我们的目的不是宣传我们自己的名字，而是希望大家到这个景区来旅游也能获得传奇般的体验。

王旭_

谢谢陈总。下一个问题请问州逸酒店的陈南光先生，在中国，很多人都知道洲际，但是对州逸还不是很熟悉，您能不能给我们介绍一下这个品牌的特点？

陈南光_

首先感谢大会邀请我出席，我参加的众多酒店论坛上他们强调的是运营，但是今天的 SMART 大会很不一样。在酒店整个经营过程中有三个阶段非常重要：第一个就是策划阶段，第二个是建设阶段，后面才到运营阶段，我在房地产公司的过程中就深刻体会到这一点。房地产公司跟我们酒店运营商的想法是不一样的，房地产是快速周转，酒店是长期投入的问题，所以怎么结合非常重要。今天这个 SMART 真的要非常的 Smart，科研、主题是需要跟国际品牌合作还是不要品牌，或者是自创品牌，这些前期一定要想清楚，不然会影响到后面运行的结果。

第二非常感谢 Steven Hicks，在澳门做得非常成功，现在澳门的业态比拉斯维加斯产值还要高。

讲起州逸管理公司，在美国已经大名鼎鼎了，有些统计数字显示我们是美国最大的独立酒店管理公司。美国有两种操作方式，一是第三方管理：比如业主把酒店交给我们管理，但是品牌是挂万豪的，我跟它的关系是特许经营的关系。另外一种我们叫做协助业主管理独立酒店，有的酒店本身是一个品牌或者坚持保持它自身的名字。因为我们有很强的管理体系，我们可以协助业主独立管理酒店。不过第二种方式一般还分两种情况：国内各大品牌已经直接跟开发商合作，我们进行参与管理；还有些个性化的酒店或者时尚酒店的业主方在设计酒店的时候并没有说跟品牌合作，设计好以后因为种种原因又达不到品牌的标准，但是这不一定不好，也可能非常有个性非常有特色，像红树林。

我们目前在中国也接手了几家酒店，从 2011 年开始有上海的锦沧文华，索菲特（后改名希尔顿逸林酒店），我们接管了以后，做第三方管理。我们最新的项目，是在中国最高楼——在建的上海中心（632 米），在 84 层到 100 层打造一个奢华酒店的品牌。

王旭

谢谢陈总。最后一个问题留给 Steven，我知道在过去的几年，你在中国大陆市场也有很多的项目，还有威尼斯人和滨海湾金沙酒店这样的国际大项目，你能不能跟我们分享一下经验，尤其是对于度假地产的开发商来说有什么建议？

Steven Hicks_

我做这些大项目,的确需要很多的设计和成本,并且这些大项目也需要有自己的身份和吸引力。我们在做威尼斯人酒店的时候,当时有一万多工作人员的参与。所以这个事情,必须要有一个前景,一个能够运作的模式,并且要有相应的人来执行。这是我所学到的第一个方面。

另外我们还要做一些传统的会展。会展方面是充满竞争的市场,从威尼斯人开始我们也加入了这个竞争。在这方面我们有非常好的资源,特别是客户资源。和法兰克福、拉斯维加斯这些企业一样,我们也需要介入到项目当中去。会展涉及方方面面,比如像现在有同声传译,你们才能听懂我说的话,所以这里面需要准备的东西非常多。

在市场上进行竞争,最好的一种方法就是把你的产品放到一个增长的市场上去。如果说这个市场上的平均增幅是 5% ~ 7%,你的增速要达到这个市场平均增速的两倍,这样的话你就会成功。所以在建的时候要非常的聪明,其实你是跟这个市场进行竞争。

在中国能保证的是基础建设,中国到海外差旅的人就有 1 亿人,市场仍有巨大的潜力。大家在开发的时候要想想自己的基础设施问题,基础设施到位之后才能参与竞争。比如说这个市场上能有多少个 LV 的店,要看其他的品牌是不是在零售业方面也占有一席之地。

大家都在讲要把一些很大的品牌放到三亚去。我就问个问题,为什么人们不去香港、澳门买个 LV 的包,在那边不用交税啊。今天早晨我们都在讲市场的调研,其实品牌也是如此,不管是你要去加盟的品牌,还是自己的品牌,都要做功课。投资方是想要投资回报的,管理团队就是要去挣管理费。管理费从哪来?就是从投资的回报当中取得的。投资者都是希望花最少的钱挣最多的钱,这就是最重要的一点。这些都是需要通过调研进行管理的。

我们回到起点,现在市场上有很多不同的机构,比如说有休闲产业,有差旅产业等等,欧美也是如此。其实真正的市场领先者是本土品牌,在中国也是如此,我

们发现很多本土品牌已经发展得非常好了。我们发现有时候城市发展过程中，更需要三星级、四星级酒店，而五星级酒店有很多制约因素，比如说技术的发展和市场的发展。所以我觉得重要的是大家一定要做自己的功课，要思考这个产品，不是说政府给了许可就能挣钱。要让人们到你建地产的地方去，怎么做呢？可以跟航空公司合作，可以跟品牌合作，进行推广。

我今天讲一讲怎么用SMART来抓住这些机遇。这样一开始，就能做得非常聪明。做自己的项目用自己的资源，其实中国有很多很好的本土品牌，可以发挥本土品牌的优势来建立自己的市场。

 王旭＿

谢谢。下面给观众们提问的机会。

 观众_

我是凯达环球的项目负责人,我有一个问题问陈宗冰陈总。我们现在看到国内的旅游度假产业很红火,有一些房地产开发商,比如说万达已经开始进入国外市场。刚才 Steven Hicks 先生说我们有一亿中国人到海外市场。您有没有看到国内的房地产开发商到国外去投资旅游地产的趋势?针对的是中国的消费者吗?谢谢。

 陈宗冰_

你这个问题问得非常好,这件事特别值得做,而且很多国家开发银行也很愿意支持。王岐山书记在做副总理的时候,跟金融系统有一段讲话,说中国人现在外汇储备好几万亿美金,你们有这个本事挣这个钱还得有这个本事花这个钱。现在国家相关的部门高层非常鼓励投资度假目的地。这一定是一个趋势,但是可能会发生在五年十年之后,因为现在国内具备这种开发和运行经验的人太少了。针对这个目标,我们其实做了很多前期的研究。

现在也有很多华人找我们,他们在英国、美国买了大庄园,但是拿到手之后都不知道怎么办,做得并不成功。出去有什么风险呢,第一因为政府做事的游戏规则,以及各个环节的配套完全不一样。国内一家大的央企在波兰的一个标出了问题,财经频道针对这个事情报道得很详细,可以去找来看。

第二是劳工的问题。拉斯维加斯现在有很多著名的酒店集团在出售,价格很低。有一家很熟悉的,两亿五千万美金就能控制全球十几家酒店的股权。但是看完它的报表,光去年需要支付的成本就八亿多美金。我去问我们的财务顾问律师,先不说钱的事,单是员工你有本事去管理吗,因为那边是受劳工组织保护的。你想开除一个人,国内给点钱可以,在那边没可能。

第三是中国游客买不买账的问题。这里面很多开发商搞错一件事,其实旅游的核心问题不是酒店建得好不好,而是它好不好玩,这是一个精神产品生产的过程,物件的问题是配套。现在到海南就很滑稽,到三亚去度假,住完一个酒店住第二个，除了在酒店待几天，在那什么事都做不了。我们这些开发商出去你做的东西是不是符合国内游客的希望，我现在对这个表示怀疑。

陈南光

你们代表中国在外国做过前期的调研吗？

观众

我们已经做过很多了。

陈南光

前期调研非常重要，刚才 Steven 强调了很多次。现在很多外国的开发商为了吸引中国市场，主动到中国市场求他们来做，各大房地产公司都有很多机会。我们的开发商如果对外国不了解的话，像凯达环球这种公司如果能够提供这种服务是很重要的。很多业主找到我们，我首先问他为什么搞这个酒店，定位在哪里，想法是什么，主导思想明确吗？如果你自己都没想清楚的话，管理公司很难介入。作为主管公司，一般都要求主管方请个顾问公司帮助做策划。这样的话万豪才能跟你谈，不然无从谈起。

SMART INTEGRATED RESORT DEVELOPMENT FULL LIFE CYCLE SYSTEM

管理 + 市场
Management & Marketing

SMART
度假地产全生命周期

LUKE PAN: DESTINATION-TYPE RESORT HOTELS WILL FACE CHALLENGES IN CHINA

潘小科：目的地型度假酒店在中国将面对诸多挑战

刘扬

潘小科，万豪国际集团中国区酒店业务发展高级总监。在酒店管理方面有丰富的从业经验，曾历任北京朝阳威斯汀酒店副总经理、中国金茂集团有限公司财务部副总经理、三亚丽思卡尔顿酒店副总经理。

无论是在外国人眼中，还是中国人眼中，万豪都是全球酒店业首屈一指的管理公司。公司从最初销售 A&W 草根啤酒（美国一种无酒精饮料）开始，逐渐壮大，至今已有 80 多年的历史，旗下拥有 19 个酒店品牌，全球掌管 4 000 多家直接管理和特许经营的酒店。可以说万豪是一间追求稳健发展的国际跨国公司，始终注重中国市场的开发，但不会盲目扩张，对于项目取舍、品牌进入都保持谨慎的态度。万豪在中国的业务随着中国经济的发展而卓有成效，如今在中国我们已经开业 70 多家酒店，其中在建的 100 多家。近几年市场中认为中国酒店业发展饱和，将会进入发展瓶颈期，但是如果将中国的数字与其他国家相比就能发现中国酒店业还有很大潜力。按人均计算，或者以每 1 000 美金对应到具体酒店客房数量计算，中国还远低于美国。数量的差别是众多原因造成的，经济发展程度、城市化程度、第三产业发展程度，都是决定性的因素。

作为酒店管理公司，为满足市场需求的变化，万豪也在不断地丰富酒店品牌构成。谈到旅游地产，万豪旗下的大部分酒店品牌都有涉及，我想重点介绍一下万豪 2012 年收购的 Gaylord 酒店品牌，这一品牌的经营模式与传统旅游度假酒店有所差别，也能为中国的旅游地产项目提供一些思路。Gaylord 的目标市场是以团队会议、家庭团聚、娱乐休闲为诉求的客户群，例如在北上广深这样的一线城市，白领阶层想与家人一起去旅游，可是由于时间的原因，无法实现长距离的跨省或跨国旅游，但是又需要离开长期居住非常城市化的环境，营造一种新的度假环境，这时，郊区或者城市周边便成了他们的目的地。Gaylord 就是这样的城市周边旅游和会议会展的全服务产品，我们打造了设施完善的目的地酒店、大型的会议会展设施、精品购物设施，数量类型丰富的餐厅和酒吧。在美国，我们还与梦工厂进行合作，梦工厂电影中的场景和卡通人物都可以植入到里面。这里可以完全满足目标客户的需求，无论是会议、团队、家庭、庆典都很适合，相比于传统的生日、纪念日的宴请，在 Gaylord 举办宴会、派对、娱乐活动会更加的隆重。另外，针对这类目的地型的度假区，我们还可以设计更加有趣的套餐类产品，把就餐、喝酒、SPA 诸如此类的度假产品打包定制。

由此我们不难发现：目的地型的度假酒店需要更多的产品来丰富自己的服务，为客户提供更多留下的理由。所以，在今天对于以顾客需求、市场需求为导向的度假地产定位、设计、开发的需求日益增加。

在这些产品和服务的组合中，零售、娱乐、教育、旅游、新技术、康体等被广为应用，度假地产作为商业地产在中国背景下被特别分出的一种地产类型，很好地将产品和服务整合。这种地产项目的建设需要复杂多样的服务与产品细分，更加清晰的客户分类，以及专业的开发、设计、运营团队。但是这样的项目绝对不是简单的拼凑，曾经听过这样的事例，有人希望建设如万豪或利思卡尔顿这样的奢华精品酒店，于是本着虚心学习的态度，带领自己的团队把他认为不错的利思卡尔顿酒店的房型都住了一遍，并且用尺子精确地测量了整个房间，得出了一系列的户型图。可是在佩服他的学习精神外，他的做法并不可取，房间的设计只是一小部分，而且是根据场地现状、客户需求等条件测算出来的，是无法直接复制到其他项目中的。因此度假地产等开发需要合理的研究、设计、开发模式，更加专业的团队配合，使开发商更加集中在它自己的核心业务中，将自己的非核心业务进行分包，交给更多专业的公司。合作模式的变化将根本改变利益分配模式。

SMART 模式便是这样一种工作模式，是一种合理的开发程序，并不是创新。在国外成熟的地产开发市场，类似的开发模式已经广为应用，但是在中国需要提出一种鲜明的，有别于以往的模式来改变人的思维。生意都是有生命周期的，是一个过程，是将一部分资金放在一个载体平台上，变成另外一笔资金的过程。但是这个过程并不是所有的商人，或者说所有的商业团队可以独立完成的，需要由专业的人或团队协作完成，商人只有在驾驭好所有专业团队后，才能很好地完成钱生钱的过程，获得中间的价值。

这也许就是房地产未来发展的方向，也是房地产原有咨询服务企业的服务变

丽思卡尔顿酒店，大开曼岛

国家港湾酒店（Gaylord National），马里兰州，美国

革模式。越来越多的传统房地产开发企业在投资综合性地产项目时需要一种全面的开发服务整合,从定位开始,贯穿整个项目生命周期,并且不会像传统地产项目销售之后即为截止,而是延伸到运营。

在合理的开发模式下,对于中国度假地产开发还应该解决资金问题,或者说度假地产的进入与退出机制。度假地产作为一种经营性地产往往投资周期较长,而且在中国开发商因为短贷长用的问题导致资金链断裂,项目无疾而终的情况屡见不鲜。因此借鉴国外的成熟市场的金融解决方式,形成中国的度假地产产业链至关重要。当然,这更要求酒店的投资、定位、开发应完全以市场为导向。

在中国现有的几百家五星级酒店中,很多酒店的开发不只是简单的经济行为,其中因为面子工程而开发建设的五星级酒店经济效益非常低下,开发商资金被严重占用,在现在的经济周期中,房地产处在下行区间,本就不多的融资渠道,再加上政府对资金监管政策加大,开发商的资金链都非常紧张,在这种情况下,非理性的酒店投资就变成了开发商的一种负担。在理性、科学的开发思路下,随着国家在金融领域的改革,与国际接轨,以及对资本市场的进一步开放,相信酒店,包括度假酒店也可以变成一种很好的金融工具,可以作为一项主动选择的资产配置,但前提是理性投资。最后总结一下,我认为目前面对中国度假市场开发需要注意以下三点:

一、品牌价值:作为经营性地产,必须考虑开发项目传递给消费者的品牌价值,考虑终端需求,改变开发商原有意识,单纯的规划、建筑与室内设计是无法设计出目的地的,目的地更需要运营价值。

二、开发挑战:简单拼凑的开发模式无法满足客户复杂的需求,传统风景名胜、酒店、商业街、精品街、酒吧街的模式无法承载价值,只有通过专业与合理的开发才能实现。

三、金融视角:要带着金融的视角去规划、策划每一个项目,但不能太过激进。

盖洛德棕榈水疗度假酒店（Gaylord-palms），佛里达州，美国

天河万豪酒店，广州

墨西哥城万豪酒店，墨西哥

WE MEDIA PUBLICITY BREAKS THE ICE FOR VACATIONING REAL ESTATE

自媒体人为度假地产宣传破局

申晨

申晨,知名媒体评论人、中国新媒体专家。毕业于首都经贸大学,工商管理硕士。2009年加入新浪,曾任新浪微博人力资源及战略发展负责人,现为新浪微博商学院首席讲师,负责向政府及企业宣导新媒体知识。对企业的新媒体应用、营销、公关和宣传拥有丰富的实战经验及理论高度。

先为大家送上一个个人推广的案例，从而一起了解自媒体人在度假地产推广上蕴含的商业潜力。

我的个人微博"申在江湖"，拥有将近66万的粉丝。这也就意味着，每一次内容的推送，都会进入近66万潜在受众的微博主页中。而我个人在经营微博的过程中，主要发送的内容都是与旅游、美食、生活等相关的。那么来关注我的粉丝，基本上也会对旅游、美食或生活相关的内容感兴趣，并且对我的推荐有认同感。从而，我发布的相关内容，很容易得到大家的回应和转发，进而拉动品牌在微博内的曝光机会。

拿一个我曾经操作过的案例举例。2014年3月，我飞去大溪地，目的很简单，对大溪地进行旅游体验，并通过微博为其进行宣传。在大溪地的旅游体验过程中，我先后发布了三条微博。

其中第一条微博，我仅仅将用iPhone5s拍摄的一张大溪地凌晨一点的星空放到微博上，就在24小时内引来了超过500次转发和超过100次的评论。

大溪地美轮美奂的银河景色让粉丝大呼过瘾，曝光是震撼和持续性的。在粉丝

的跟评中也能看出,这样一张照片充分调动了粉丝对大溪地向往的胃口。

不到 24 小时,我又更新微博,其中的配图是大溪地白天和黄昏的景色。这几张图一出,粉丝坐不住了,不仅收获了将近 300 次的转发,粉丝们还在评论中表达出极度想去大溪地旅游的愿望。

在发完以上两条微博之后,我在大溪地行程的第四天,再次发布微博。这次发布的是一条在远海我与夫人 @ 薛木子隔空喊话的微博。就着前两条对大溪地美景曝光的余温,这条带有英雄色彩和个人情感植入的微博获得了超过 350 条的转发,再一次为大溪地的海边美景做出了宣传。而其中与 @ 薛木子的互动,引发了不少即将结婚人群选择大溪地作为结婚旅游目的地的可能性。

至此,大溪地通过我个人微博的宣传和曝光,已经超过 500 万的内容阅读总量。

从上面这个案例中我们可以看出,我以自媒体人的角色出现,并为旅行目的地在微博中背书后,所引发的营销效应是十分不错的。而这些内容相对于传统媒体中目的地的曝光,更具信任感,也更有传播意义。在曝光时间上比电视广告中短短十几秒的视频曝光也更能说明问题。

那么以上这些的实现是基于什么道理呢?我们在微博中做过一个信任度调查,其中:

90% 的人选择相信认识的人;

70% 的人选择相信不相识的产品使用者(比如我们在网络购物过程中会在下单前查看各种评论);

65% 的人选择相信意见领袖或喜爱的名人;

23% 的人选择相信专家;

12% 的人选择相信广告;

8% 的人选择相信其他名人。

我在为大溪地体验式营销的过程中扮演的是第二和第三种角色。那么这一

部分人在很多细分行业中就是我们在本文中讨论的自媒体人。而由于度假地产与旅游行业的相通性，自媒体人为度假地产背书，也将能非常有针对性地向粉丝宣传其定位，并很有效地拉动粉丝群体对度假地产消费的欲望。而这一点上，熊猫自媒体联盟中所涉猎的超过2 000个与我类似，分布在各行各业的"泛Life Style"自媒体人，都在参与各种各样的体验式营销，从而为不同行业、不同品牌在微博、微信等自媒体渠道内促生极大的社会影响力。

因为度假地产行业的特殊性，社会上不同行业中的不同人群都会有度假休闲的消费需求。而充分挖掘"泛Life Style"自媒体人在其行业内的影响力和粉丝信任度，并进行体验式营销软植入，将能够为度假地产行业带来非常可观的营销驱动力。

如果要在营销中驱动潜在受众认识的人，从而为品牌宣传，从信任度调查结果的90%可信度来看，效果一定是最佳的。但单个认识的普通人覆盖面的有限性，就造成了体验营销成本过高的问题。这时候，我们就需要用较大规模的话题来驱动相关营销活动。

2012 和 2013 年，微博官方曾策划大型话题活动"# 带着微博去旅行 #"。而从阅读量超过 1.6 亿，讨论量超过 400 万的结论来看，整个宣传效果是十分明显的。

由于宣传范围广，旅游奖品量大且丰厚，吸引的粉丝参与热情极高。同时"# 带着微博去旅行 #"话题也多次登上热门话题榜前十位，为各个参与话题的旅行产品带来了极大的曝光量。

不过，这个在 2013 年年末名声大噪的微博话题，在推广之初，除了利用微博、新浪官网等强势渠道进行推广外，自媒体人的驱动也是非常关键的。当时有大量的自媒体人就这个话题参与其中，带动了粉丝纷纷跟进，晒出自身的旅行经历，同时为各大旅游经典带来了良好的社会传播影响力。

比如熊猫自媒体联盟中的旅游自媒体人 @神威就始终跟着话题"# 带上微博去旅行 #"不断进行旅游晒图，为其粉丝的话题跟进做好了铺垫。

而度假地产，如果跟随这样的大型话题活动，参与到讨论中来，那么也有机会

让自身的度假产品在微博热门话题中频繁曝光。而一旦自媒体人在这个推广阶段，也参与到对度假产品的讨论中来，势必会吸引粉丝对度假地的向往，同时能带来极为有效的曝光宣传。2014 年的"# 带着微博去旅行 #"在 7 月 22 日推出，相信本次的大规模曝光，也将成为度假地产和旅游项目为自身产品在社会化媒体中宣传的大好机会。

度假地产的自媒体广告投放原则

首先，度假地产项目在宣传过程中，一定要有清晰的定位。这个所谓的定位无非是营销中我们经常提到的价值交换的问题。也就是说你需要在宣传的内容中告诉潜在消费者，在购买了你的服务后能解决怎样的问题。

举个简单的例子，比如一个度假地产项目，消费者对你服务的购买是想获得一个休闲的假期，要的是放松的感受，消费的是舒适的环境，这就需要品牌方有一个充分的意识，我们的广告内容一定要抓住这个点，并能够坚决执行到位。

自媒体人的营销方法

对于大部分度假地产项目来讲，最好的自媒体人营销方法，无非就是自媒体人在其微博或微信中，进行基于其定位的称赞。这种称赞可以是短篇的，比如自媒体人在微博中对粉丝讲：我周末去了某个度假村，得到了怎样休闲的感受。这种称赞会非常有效地得到粉丝的回应，从而激发大量粉丝去休闲体验的欲望。同时，地产经营者也能够通过消费者数量的增加，获得周边其他地产项目增值的能力。有时候称赞也可以是长篇的，比如有些旅游自媒体人可以对某个度假基地进行攻略撰写，从而对这个度假基地好吃的、好玩的都能够详细描述，从而更好地激发粉丝在合适的时间对这个度假基地的选择。而与这个自媒体人同样有影响力的其他自媒体人，对发布称赞微博的自媒体人表示强烈认同的时候，就更增强了粉丝对这条内容的信任感，从而激发粉丝对地产项目体验的欲望。

但在让自媒体人进行实际发布之前，地产项目邀请自媒体人实地体验，并发布实际体验的自拍照片，不仅让自媒体人撰写的内容更加真实，也更能拉近粉丝对自媒体人发布内容的信任感。所以体验营销对于度假地产项目的自媒体推广是非常有必要的。

自媒体背书要有持续性

找自媒体人进行持续性营销是很多广告主最容易忽视的问题。有的度假地产，通过自媒体联盟找到合适的自媒体人进行一次体验营销之后，在短期内获得了不小的业务提升，这时候就会放松警惕，并没有在后续对品牌的推广进行跟进。过一段时间之后，业务很快就出现了下滑。所以，找自媒体人背书一定是持续性的，这与其他消费品的品牌推广是异曲同工的。因为市场中的竞争非常激烈，一旦声量下降，其他地产项目的声量一定能盖过逐渐减少投放的品牌声量。而自媒体人也不是签独家宣传协议的，今天给这个地产项目做宣传，明天也会给其他品牌做宣传。而地产品牌主如果想持续占领粉丝眼球，一定要在自媒体人的社会化媒体账户中长期持续进行曝光。而对于有一定旅游资源的地产项目而言，在节假日前一段时间内强化宣传投放力度也是有非常大的必要的。

如何巧妙利用媒体的发展进行宣传的转型，是度假地产广告主最应该考虑的问题。自媒体的出现，不但解决了传统广告形态中曝光效率低下的问题，自媒体人与消费者之间的信任感，更能为品牌增加植入潜在消费者心智中的筹码。而品牌宣传转型的快慢，也许在行业拐点处很快就能决定出，谁能快速杀出重围，谁就能构建更广阔的度假地产帝国。

RESORT HOTELS BASED ON CHINA'S CONSUMER DEMAND

基于中国消费需求的度假酒店

黄骥

黄骥，铂涛菲诺酒店全球总裁。早年留学海外，曾在欧洲某世界 500 强跨国公司任职高管，从事国际贸易与金融投资及能源开发等工作。2006 年受邀回国，加入了 7 天连锁酒店的创始团队，并出任高级副总裁掌管酒店集团的投资及发展工作；2011 年即 7 天在美国纽交所上市后一年半，与郑南雁共同创办了瑞卡租车集团并出任首席执行官；2013 年铂涛酒店集团对 7 天连锁酒店的私有化收购后，出任铂涛集团旗下的铂涛菲诺酒店全球总裁。

度假酒店与其他类型酒店对比

目前中国的酒店格局,可以大致分成三个板块:一是经济型酒店,源自于美国 1928 年左右,1997 年引入中国,2002 年到 2010 年在中国蓬勃发展;二是商务型酒店,包括市面上的三星级、四星级、五星级品牌,都可以统称为商务酒店;第三类就是今天要重点说的度假酒店。

我们可以从四个方面看这三类酒店的区别。

首先是所处的地理位置。众所周知,商务型酒店一般在城市里,当然随着近几年的发展,有些国际五星级酒店的品牌,也会建在度假村或者一些旅游景点,比如我们很熟知的丽江、海南等;经济型酒店面对的是更大众的普通消费者,提供性价比高、有限设备、有限服务来满足绝大多数中国平民百姓。我们所熟知的包括已经在美国上市的如家、7 天,还有汉庭,也包括在香港上市的锦江之星,他们所处的位置基本也是城市中心或者是城乡结合部,以及张家界、丽江等一些旅游度假区;而度假型酒店则更多的借助自然旅游资源,依靠当地的旅游景点和历史人文背景。

从消费者群体来分:商务型酒店,可能就是商务、出差、会议为主;经济型酒店相对类似,但可能会侧重一点旅游方面,如自助游人、背包客、驴友等比较有自觉意识的消费者;而度假型的酒店面对的就是彻底来度假、休闲的人群,他们利用节假日,或者是带薪休假的机会来到这里。

从硬件和软件来看:经济型酒店提供的是有限客房、有限产品和有限服务;商务型酒店一般涵盖了商务需求,基本的客房、商务再配套一些必备的娱乐、康乐、健身、游泳池等等;对于度假型酒店来讲,可能提供的软件和硬件方面都是非常全面的,但不同的酒店有不同特色,也可能会有一些主题的包装。

从季节性上讲,商务型酒店和经济型酒店会有淡季和旺季的对比,尤其是公众假期,或者是商务活动不那么频繁,比如中国的春节或者是大长假等一些商务活动减弱的时候,他们客流量会有不同;度假型酒店基本上春夏秋冬都可以满足

度假酒店与其他类型酒店对比定位图

地理位置	入住主要目的	产品要素 硬件（设备设施） 软件（服务）		营业季节
城市中心 ●	商务 ● ● ●	客房 ● ●	有限服务 ●	单季营业 ●
风景/度假区 ● ●	度假 ●	餐饮 ● ●	全套服务 ● ●	全年营业 ●
郊区 ●	会议 ●	商务 ● ●		
公路	旅游 ●	休闲/康体/娱乐 ● ●		
机场 ●	博彩 ●	其他		
其他	其他			

● 度假型酒店　　● 商务型酒店　　● 经济型酒店

消费者的需求，中国从南到北、从东到西跨度很大，我们可以在不同的季节选择不同的旅游度假区，不会受到太多天气的限制。甚至包括春节期间等一些公共假期，也可以选择在山、林、海、湖这些地方进行消费。

度假酒店在全球的发展历程

度假型酒店的来源，最早是在罗马帝国统治时期。罗马的贵族和权贵们在一些浴池的边上修建供他们娱乐、交谈、休息的场所，类似于今天度假型的酒店，不过当时是作为公共场合使用的。

度假酒店的成长历程图

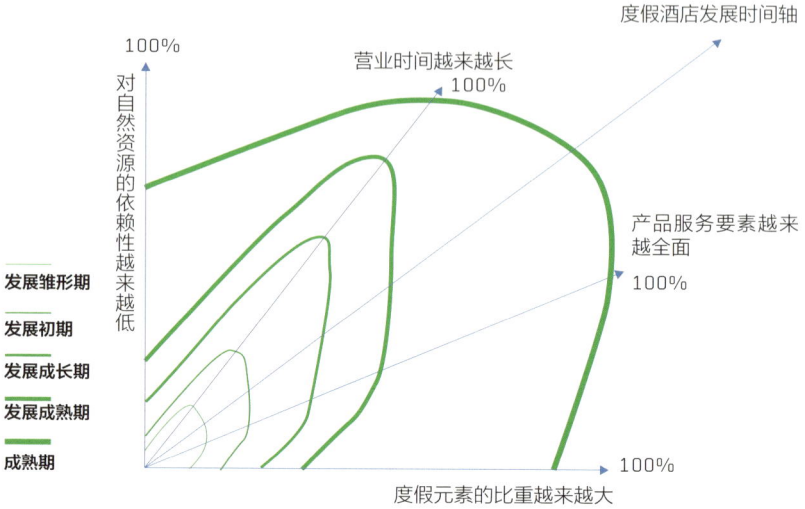

欧洲 14 世纪到 18 世纪期间，瑞士的冰雪度假，英国的海滩度假，还有比利时的温泉度假可能就是度假酒店的雏形。这些产品最开始都是为了权贵阶层、社会上流人士准备的。

经过欧洲两次工业革命以后，度假酒店进入了一个发展期，越来越多的中产阶级进入到这个产品当中来。需求不断扩大之下，乃至于很多资本也会进入这个行业当中，除了王室贵族的力捧，一些中小阶层也进入消费群体当中，度假酒店也越来越有它的群体和支持者。

从 20 世纪 70 年代开始，法国已经开始了海岛型的度假。随着经济的不断

2006-2011 年居民人均可支配收入及其实际增长速度

发展，旅游消费者对于产品的需求越来越多，越来越广，迫使度假型酒店从单一化的产品往多元化发展，也促使度假型酒店往更高级的酒店发展。

进入 20 世纪 80 年代之后，度假型酒店中心从以往的欧洲转向北美和亚洲地区，尤其是亚洲太平洋地区。

这张度假酒店的成长历程图，纵坐标是度假型酒店对自然资源的依赖性，横坐标是度假型元素，元素含义很广，包括硬件配套、软件服务、特色风格等可以对消费者有吸引力的所有因素。从图中我们可以看到，度假型酒店从早期到后来对于自然资源的依赖性是在逐步下降的；而度假型酒店的度假型元素却在日益增加，由此可以看出度假产品日趋完善，走向成熟。

度假酒店成长的需求因素

对于度假型酒店，它的需求因素有几个方面：

首先是经济因素，一切消费离不开经济。我们拆分成三个部分来谈：一是客源地经济因素，我们的消费者从哪里来。另外还有税率以及旅游方面的限制，如签证、自由行的限制等等。第二点是目的地经济因素，度假型酒店所处的位置，也会引导消费者需求的达成。现在的度假型酒店均有各自的特色，他们从业态之间相互竞争，对消费者有不同角度的吸引力。还有酒店产品的价格水平、产品质量也是吸引消费者的很关键的经济因素；除此之外还有关联因素，同业之间的竞争，包括旅游度假产品在距离和时间上对于消费者的吸引程度。

其次是时间因素，即消费者的时间安排。如果没有足够的时间支付能力，度假休闲也成不了动因。从全球的统计数据来看，北美人均每年可以用于自由支配的外出时间大概是17.5天。欧洲平均来讲相对长一点，能够高达24.6天。亚洲、南美跟北美相似，全年当中大概有16天可以支配。

第三个方面是度假动机。数据分析可以看到三个方面：第一对自己身体健康的重视，因此现在也有很多养生型酒店，或者是度假型的健康酒店，对应于现今社会比较高压，工作频度密集的产品。其次，现代人的家庭意识在逐渐加强，很多度假产品都会有亲子游、家庭套餐等，带着自己的孩子、父母、配偶、朋友出行是他们的动机之二。动机之三，对于很多社会精英来讲，工作的高压和相对的财务自由使他们有条件去安静的地方寻求身心的放松。这是我们在做过大量的消费者调研之后总结出的三大动机。

度假酒店在中国的发展态势

现在看看中国消费者如何看待度假酒店。有一点很重要，现代中国人有了可

度假酒店的成长的需求因素

时间因素	所属洲	国家和地区	带薪休假时间	平均带薪休假时间	度假时间
·公共假日 ·带薪假期 ·周末闲暇	北美洲	美国 加拿大	21—35天 14—21天	17.5天	2.5夜
	欧洲	英国 德国 法国 意大利 西班牙 荷兰 比利时 丹麦	>21天 18—21天 30天 14天 30天 25天 24天 35天	24.6天	5.6夜
	大洋洲、亚洲、南美洲	澳大利亚 日本 韩国 泰国 中国香港地区 中国台湾地区 巴西	28天 10天 20天 20天 7—14天 7—30天 30天	16天	2.5夜

以出游的时间。1995年以前全国只有59个公休日，现在增加到了115天，给我们的公民出行带来了不小的动力。2013年2月2日国务院下发了国民旅游的休闲纲要，包括加大旅游消费市场。

当一个国家的GDP达到300美元的时候，开始催生国内旅游的动机。当达到1 000美元的时候，就进入起动期了，达到3 000美元的时候，旅游就开始比较兴旺了。而人均GDP达到5 000美元的时候，旅游将成为中国生活的必需品，当然现在还没有达到。

我们国家还是农村人口为主的国家，每年收入的递增率大概维持在8%，城镇居民的相关数据也差不多。收入的提升对于选择旅游、休闲有很重要的支撑作用。

相对来讲旅游度假产业蓬勃发展，也带来其他的相关行业的关注和资本的介入。现在的产品很多，有公寓、度假村，还有升级版的农家乐等等，层出不穷。

铂涛菲诺

自改革开放以来，高端品牌酒店进入中国市场已经有三十余年的时间，在接下来的发展中，中国酒店业要做自己还是要成为他人的影子？不少酒店经营者也开始理性思考。

眼下，一些开发商开始尝试开拓自主酒店品牌，或者寻找有特色、创新思维的酒店管理品牌合作。不过，这也并不容易。一位资深行业人士称，开发商既想实现盈利，又要为整个项目服务，最关键的是他们没有专业的模式可循。为此，从硬件的投入选择到后期的运营，很容易造成恶性循环。所以，开发商选择有潜质的酒店品牌合作尤为重要。

从目前来看，国内除了传统跨国酒店品牌在抢占市场，一些本土酒店管理品牌也正在兴起。这些酒店管理集团除了有专业的酒店管理队伍、创新的市场发展理念，更有做"中国式定制"高端酒店品牌的决心。

如绿地控股集团推出的高端酒店奢华品牌"铂瑞 Primus"；万达集团因应高端酒店高、中、低三个档次而设的"万达嘉华"、"万达文华"、"万达瑞华"酒店品牌；铂涛酒店集团推出的高端品牌"铂涛菲诺"。

"铂涛菲诺定位为铂金思享酒店，主打高端及低调奢华，从终端消费者的核心需求出发，产品的重心放在了消费者最关注的住宿体验上，通过超级客房、定制式配套设施及服务等落到实处"。

据了解，应不同的商业地产项目和市场的需求，城市酒店、旅游度假酒店、酒店式公寓将成为高端酒店新格局不可或缺的"铁三角"。

对于三种类型都有所涉猎的铂涛菲诺酒店管理公司，如何在结合商业地产项目的需求和酒店类型的选择上做最具发展潜力的规划和平衡，通过合理化的投入和个性化的酒店定制，融入文化背景和城市特色，为消费者打造具有优质体验和合理价格的高端酒店，一直是铂涛菲诺的目标。如果能使这些元素整合获得最大的化学反应，那么，无论是位于繁华都市商圈的城市酒店，远离喧嚣、环境优美的旅游度假酒店，还是满足各种家庭需求的酒店式公寓，成为地标性建筑将是水到渠成的事情。

本文根据作者在 2013 年 SMART 大会的演讲内容整理而成

SMART INTEGRATED RESORT DEVELOPMENT FULL LIFE CYCLE SYSTEM

艺术 + 设计
Arts & Design

SMART
度假地产全生命周期

HOW TO
BUILD A
SUCCESSFUL
TOURIST
TOWN

如何成功打造旅游小镇

袁松亭

袁松亭，DDON·笛东联合总裁，首席设计师，注册城市规划师，美国ASLA（美国景观设计师协会）注册会员；拥有多年国内外设计经验，曾在加拿大及国内顶级设计公司担任高级职务，对项目的前期策划管理、城市规划设计、生态景观设计、历史文化背景及商业运作有着独特而深入的理解。基于经济、规划、景观跨界的三重教育背景，袁松亭先生善于从宏观角度入手，创造性地解决城市规划、景观设计等问题，尤其擅长城市公共空间、居住环境、旅游度假设施等领域的规划与景观设计，主持参加多项大型复杂的规划及景观设计工作，赢得多项设计大奖。

"休闲是人类生存的一种良好状态，是 21 世纪人们生活的一个重要特征。"世界休闲组织秘书长杰拉德·凯尼恩如是说。对于市场需求而言，城市人均 GDP 超过 5 000 美元时，旅游方式将以休闲度假为主。而纵观国内发达城市，大部分已经超过 5 000 美元，度假客群的急剧增长为旅游地产的发展提供了坚实的基础。而随着城市房地产开发重心逐渐偏移、房地产市场进入整合过渡期、市场投资和消费模式逐渐转变等现象及趋势的出现，大量的传统房地产资金开始开辟新的领域，其中就包括旅游度假物业的开发。所以当房地产业调整和旅游业蓬勃发展相遇，必然使得在生活中旅游、在旅游中生活的"旅游地产"迎来黄金时代。

如今，旅游地产已经从传统地产中逐渐分离出来，"旅游地产"本身在运营上、投资模式上和传统的房地产本身有非常大的区别，它的特点和优势在于它是旅游业和房地产业的无缝融合，融旅游、休闲、度假、居住为一体，具有丰富的旅游资源和更优质的自然景观，同时拥有完备的配套设施和较高的投资价值。作为旅游地产的众多开发模式的一种，旅游小镇在国外旅游发展实践中获得很大成功，并极具特色与旅游吸引力。在中国，旅游小镇是伴随近年来特色城镇化发展而提出的一个重要概念，也越来越多地受到关注和热捧。

我认为旅游小镇是一个各种产品业态相互交融的概念，可以理解为旅游在向地产发展过程中或者地产向旅游发展过程中的一种交相呼应的关系。在这种关系的基础之上，我们应该寻求的是两者利益的最大化，这种"最大化"只有依靠两者互相促进才能达到双赢的结果。根据多年国内外规划和景观设计的经验，我认为旅游小镇的成功至少要具备两个关键因素：一是特色营造，二是运营管理。

对于旅游小镇的特色营造，我想提一个关键词："穿越感"，即人一旦身处一个环境中，能从身到心全方位融入当下环境希望传达给你的情境、氛围、情绪之中。我想这也是旅游休闲的价值和魅力所在。而要提供这种浑然天成的特色体验感受，打造旅游小镇的特色，首先是注重发掘小镇在自然资源方面的独特性。一个出色的旅游小镇往往处于优越的自然环境中，这就要求开发商不仅要利用好

温歌华惠斯勒小镇冬季及夏季场景，加拿大

入口小镇规划平面

自然条件,同时更要运用生态化手段巧妙地改善环境。例如温哥华的惠斯勒小镇(Whistler),其地理位置优越,紧邻高速公路,依山傍水,便捷的交通、丰富的自然资源,为项目成功奠定了基础。成功的旅游小镇一方面借助自然环境、宜人气候等,同时非常注重自然资源的保护,使观光者不仅能够领略到大自然的馈赠,并且通过趣味性与主题性的氛围营造,让其"穿越"在不同的场景之间,从而产生移步异景的丰富体验。

其次,营造旅游小镇的特色,要注重小镇文化底蕴的挖掘。文化的重塑对旅游小镇有着积极的促进作用,而文化的重塑往往从两个方面进行:一方面是已有深厚文化积淀的旅游小镇的开发,比如安徽的宏村、云南的丽江等。这些项目需要我们在原有文化的基础上将旅游重塑,赋予现代的环境,让旅游者在传统的氛

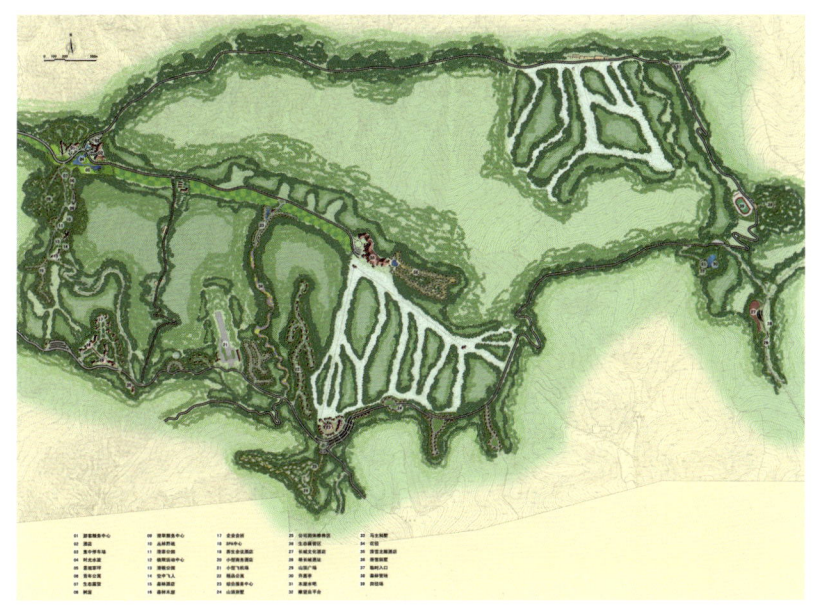

翠云山景区规划

围中感受现代生活。采用的设计手法主要以小镇历史文化风貌的保护和修复作为规划主线，将景观设计融入其中；另一方面是创造文化，比如深圳的华侨城，需要发展商根据项目定位，赋予项目以核心的文化主题，通过合理的规划和景观设计，营造良好的环境氛围，创造丰富的体验，同时考虑多种功能需求的满足，用以吸引更多的旅游者参与。笛东公司在做设计时，经常提到一个词叫做"情境塑造"，在体验经济时代，地产消费不只是对产品的欲望，而是对情境体验的渴求。当地产消费者购买体验时，他就是在花时间享受开发者所提供的情境，也就是"穿越"到了这个情境里。旅游地产也是一样，我们需要为旅游小镇带来一连串身临其境体验感受的情境，我们需要通过在体验过程中逐次展露的特色主题景观系列去营造小镇的特色情境和氛围。

谈到旅游小镇的运营管理，不得不提到旅游小镇运营与传统地产运营的核心区别：旅游小镇并非是一次性的消费产品，而是希望获得消费者多次往复消费行为的模式，因而持续性的运营管理对旅游小镇项目而言至关重要。在旅游小镇运营方面，只有365天的经营才能让小镇商业活动具有持续性。所以要认真分析男女老幼等不同年龄层的旅游者在小镇中的行为，以及不同季节更替给项目带来的影响，为每一个到访者提供更适合的活动内容。惠斯勒小镇最早成名于滑雪，然而经营者会跟随游客需求不断地改变和创新。如今，夏天的惠斯勒也变得热闹非凡起来，每天都举行各种各样的活动。惠斯勒成功的一点在于它不断地进行新的拓展，包括整个加拿大2010年冬奥会的举办对惠斯勒就是一个全新的提升。惠斯勒小镇30年的成名史告诉我们，持续性活动的创新与拓展是旅游小镇运营管理的根本，也是成功打造旅游小镇的关键。

就中国旅游小镇实践而言，笛东公司在北京西北170公里处（靠近崇礼镇），为河北建投"翠云山国际旅游度假区"做了规划设计工作。"翠云山国际旅游度假区"项目占地50平方公里，由于该地独特的气候特点，因而拥有较长的滑雪季。在规划设计中，设计师们认真分析了项目的优劣势，通过对当地文化、气候、地形、经济等多方面的调查与研究，逐渐化解季节与气候给项目带来的发展不均衡的矛盾，同时通过各种主题活动区域的设置，让旅游者可以找到更多、更合适的机会，从而延长其融入小镇的时间，为旅游小镇创造更大的价值。

在"翠云山国际旅游度假区"的规划设计思路中，引入了运动、居住、休闲、生态的概念，体现"回归自然"的生活模式，利用山地资源开展滑雪、山地越野、会议、度假、游乐等活动，打造以滑雪为核心，以四季旅游为特色，以旅游地产为盈利模式的生态全时度假区。通过规划形成度假小镇、森林公园、滑雪公园、长城岭遗址公园几大主要板块，同时新加入时尚运动公园和养生度假基地，形成景区内部的环形旅游线路，极大丰富了人们在度假区内的体验和感受。

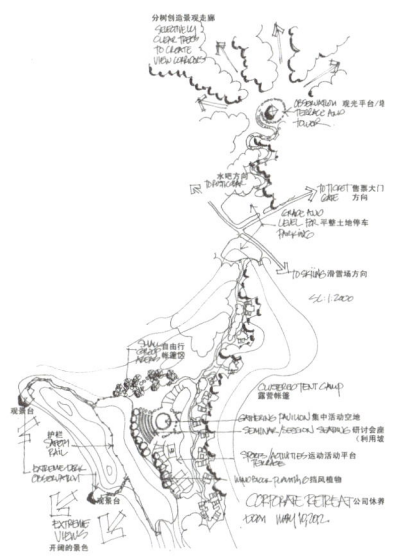

山顶观景、露营活动平面图

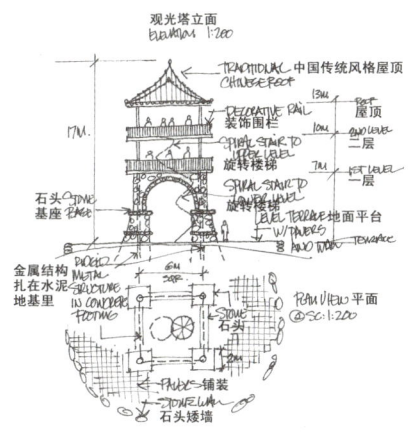

山顶观景塔平立面图

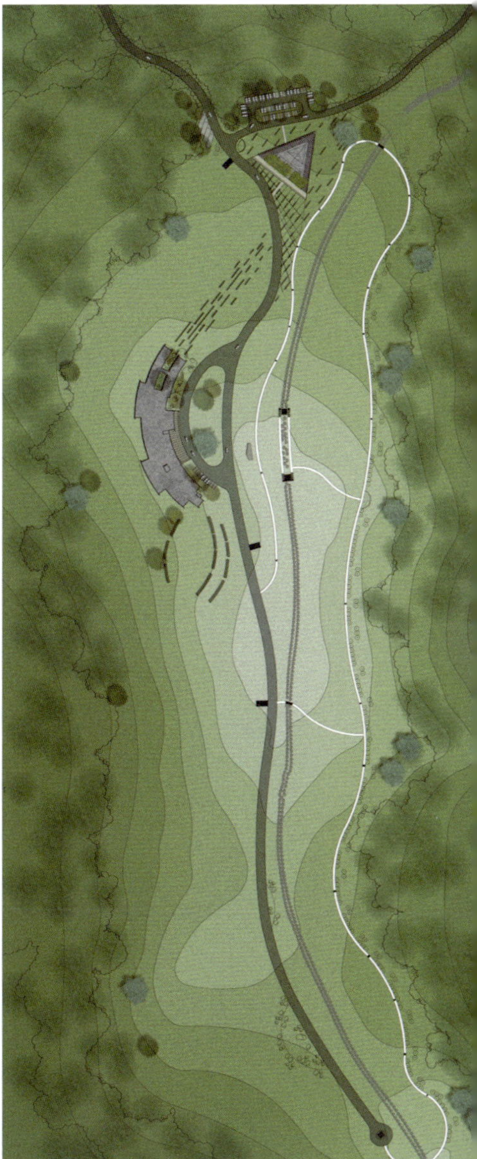

ON THE MEANING AND NECESSITY OF VACATIONING REAL ESTATE FULL LIFECYCLE SYSTEM

浅谈旅游地产项目生命全周期设计服务的内涵与其必要性

温祖健

温祖健，ZNA 泽碧克建筑设计事务所董事，台湾注册建筑师。温祖健先生是一位在中国大陆、东亚和北美地区拥有丰富经验的建筑师和城市设计师。过去 15 年间他通过应用西方经验，融合亚洲和中国背景的规划方法和设计哲学，着重调和不同尺度，不同文化经济社会背景的场地和需求，为项目提出具可操作性和设计感的解决方案，从而提升项目整体价值，打造出思路创新、框架明确、成本可控制、生态可持续的城市环境和建筑空间。

旅游地产一般泛指依托周边丰富的旅游资源，能融合旅游、休闲、度假、居住为一体的置业项目；相较纯住宅项目，有着复杂的业态和较长的生命周期。根据《2013—2017年中国旅游地产行业发展前景与投资战略规划分析报告》的数据显示，旅游地产市场基本呈现"一级城市靠地产，二三级城市靠资源"的发展态势：北上广等一级城市的旅游地产基本走"地产"路线，以人造景区景点做配套，为住宅、酒店等项目增加价值；而二三级城市的旅游地产则偏向"旅游"路线，依托区域的高等级旅游资源进行项目配置，进而带动地产项目的市场接受度。旅游主题与地产项目的结合不但是互补关系，更是一种互惠关系。远郊型地产利用旅游带动人气，促进项目的买气；旅游资源的开发资金，从地产收益中获得保障，实现了短期项目盈利和长期深耕旅游资源的双赢。旅游地产可看作是综合资源整合和产业链应用的最有成效模式，那么对于设计者而言，我们应该用什么样的知识体系和设计理念，来应对这一个近年来非常热门的产品形态？

通过调研美国迪士尼欢庆城（Celebration）、国内华侨城和其他大量案例，不难理解旅游地产开发其实是一条漫漫长路，前期"几个亿都花在地下，看不见的"；是一个周期长、养品牌、养项目、养客群的过程，首要关注"主题、客群、业态"，即"卖什么、卖给谁、怎么卖"。我们或许可以把旅游地产看成商业地产的一种变型：通过景点或主题的牵引力，旅游项目地得以在一段时间内集合一批"成员分子相同、体验期望值相似、消费能力相仿、思路习惯相近"的客群；如何让这群客人大量地消费旅游项目所提供的服务、劳务、产品，是一个定位业态"卖什么"的问题，是旅游地产项目商业效益成功与否的标尺；如何让这群客人依照自身的时间、喜好、条件，轻松惬意地漫游住区块内各景点、设施、配套之间，是一个规划和建筑"卖给谁"的问题，是旅游地产项目空间布局合理与否的准则；如何让这群客人带着美好回忆归去，还老想着下次什么时候带上朋友回来体验尝新，是一个品牌、研发和培育"怎么卖"的问题，是旅游地产项目运营管理达标与否的要素。

通过泽碧克建筑设计事务所独创的 SMART 体系，今典集团的青岛红树林休闲度假综合体项目，在开发进程中很好地解决了上述旅游地产面对的三个关键点。SMART，即项目生命全周期设计服务，提供项目开发过程中五个重要环节的系统性解决方案：

S—前期战略与规划定位：从项目的资金来源、股权结构、合作者权益、产品定位、获利模式和变现渠道等方向入手，明确项目的开发愿景，提出品牌培育和市场推广策略，配合业主团队评估财务运营计划可行性，协助把握后续开发方向。

M—市场战略与项目进程管理：协调开发节奏，衔接前后期程，总的项目定位战略之下，细分每一期开发"卖什么、卖给谁、怎么卖"的策略。进程管理，按项目在开业、推广、蓄客、成熟期等不同时段，更动态地贴近实际运营，协助业主团队评估并改变项目硬件、软件和服务。

A—建筑与规划：设计工作是复杂而综合的，必须承接之前 S 和 M 子项的结论，同时考虑之后 R 和 T 子项的对接和实施关系。换言之，规划师和建筑师要把前面确定的业态、定位、品牌认知等等，用建筑和空间的方式呈现，必须达成体验层次丰富、易为游客接受；维护、管理和更新换代合乎成本效益。

R—行业研究与标准化：旅游地产不是一次性买卖，是一种依赖中长期稳定收益回报的商业行为。面对时刻改变的潮流和风尚，捕捉对旅游地产项目的空间、服务和产品内容所带来的影响，需要专业前瞻的团队持续进行产品研发和运营进化来应对，并且把这些微调和优化，融入品牌设定的标准之中。

T—教育与培训：旅游地产的本质更贴近服务业，"人员质素"是未来评判旅游产业高下的主要标准。准从业人员唯有通过刚性的规则和条例，系统性的教育培训体系，才能避免目前酒店业师父领徒弟，服务标准紊乱的现象，进而把服务质素转化成品牌效益的一部分。

今典青岛红树林休闲度假综合体这个雄心巨擘的旅游地产个案中，SMART体系所应对的不仅是设计问题，而是一个系统性工程解决方案：项目依托万米优质沙滩岸线、特色德国主题度假商业小镇、休闲养生医疗水疗等设施和资源，通过半地下景观休闲购物廊，把四个主题各异的家庭酒店、会展酒店、豪华酒店和七星级主题酒店紧密结合，形成总数 4 000 间客房、具备万人接待能力的大型旅游度假集群。酒店室外休闲设施、沙滩和海上活动保证了高峰季节的集客力；作为滨海度假反季解决方案的半地下休闲购物通廊，紧扣四个酒店和红树林独特的"会展、婚庆、娱乐、艺术（今日美术馆）、体验"五大主题，提供商务旅游、婚庆旅游、滨水休闲、艺术参展和家庭度假等五大客群连续、不间断的四季旅游内容。

项目的运营方式采取集团自持，以自有"红树林"酒店品牌进行管理，客房收入、红树林酒店系统会员会费，及旅游综合体内的所有商业零售、休闲娱乐等自营配套，作为项目主要营收，其运营模式影响到整个项目周期的安排和空间布局。经过多轮讨论推敲，最后决定由家庭酒店、婚礼堂和配套、德国小镇商业等三个元素担纲首期开发攻坚，目的是吸引一批城市白领客层，满足其家庭旅游、蜜月度假、主题体验的需求，搭配红树林会员卡体系，迅速积累一批稳定客源；中期以豪华酒店、会展酒店、万人会议会展中心、今日美术馆和德风音乐厅、半地下休闲购物通廊为核心，发展商务度假、高端度假市场，让商务和高端客人在会议和度假的过程中，有"出手消费艺术品、奢侈品、文化展演、高端定制服务"的空间；根据初步推算，项目约五年后步入成熟期，届时将通过完整的旅游体量和新建七星级"贝壳"主题酒店，推动前期开发的家庭酒店、豪华酒店"转成散售物业"，和规划中 101 套酒店管理高端度假会所的销售，从房地产套取更高的总体收益回报。在至少七年的项目培养过程中，泽碧克建筑设计事务所以其独特的 SMART 体系，协助业主顺利过渡开发的各个关键环节，目前仅举出以下数例：

·从规划和使用者角度，协助红树林酒店品牌建立自己的管理体系和标准，特别是客房设计准则、酒店前后台空间规划、置入性识别系统（小自 Logo 识别、大至立面和顶冠形态对品牌的联想）；

·把握业主开发节奏和各期开发重点，融入项目 20 万平方米规划总图之中；协助运营团队推估各旅游子项目的体量，按各自定位和目标人群进行差异化设计，完成四座酒店和德国小镇商业的建筑设计；

·配合业主商业运营团队，深入探讨"会展、婚庆、娱乐、艺术、体验"五大主题设施如何能在整个酒店休闲度假集群中起到"旗舰店"的作用，最后定调以"800 米回路（loop）模式"、"顺时针布局会展—娱乐—艺术—婚庆—体验"，形成整个旅游地产项目的核心框架；

·配合业主招商计划，节选适合入驻的商业零售、休闲服务、餐饮等业种，通过整体空间规划，梳理不同业种"摆对地方"；把贯通全体的半地下四季休闲购物通廊做到空间主题性突出，游客体验"身临其境、流连忘返"；

·配合酒店管理及招采部门，深入检讨各种后勤动线和空间的运用效率，减少交叉、无效空间，增加共用及多功能弹性，从而提高项目每单位平方米收益率；深入检讨各种酒店机材设备的数量、性能和规格，对前期投入成本的影响。以制冷空调设备为例，综合考虑运输及安装成本、体量对结构和空间的要求、维修停机风险等因素，得出一部超高功率机组或不及 3 组小功率机组的判断。相类似的取舍和决定，必须在项目前期就决定，避免项目设计或建设过程中不必要的拖延和修改；

·配合业主工程设计部门，探索四座酒店"通用型构件"的可能性，反映在立面设计、窗型构件、室内设计细节、材料拼法、灯光和音效布局等，从而降低成本增加效益；

·配合业主设计研发部门，对项目开幕三年后计划的大改装进行预案设计，研发有关客房内空间布局的创新、前期酒店和旅游设施快速改造的可行性、可能新增旅游项目和设施与前期建设如何对接等议题；

　　SMART体系，让泽碧克建筑设计事务所，早在设计师下笔画图之前就已经参与项目整体运营规划和市场战略；事务所的任务也不会因最后一张图纸的提交而结束，因为我们具备延伸服务到项目生命中期的研发、培训和标准化的能力和知识。SMART体系的必要性在于，让设计者能理解不同旅游地产项目自己独特的生命全周期，并提出针对各个关键节点的系统性解决方案。因此我们的设计更贴近市场、实际和消费人群，并且能提供业主更加全面的专业服务。

　　旅游地产项目的开发业主梦想的以一个景点主题抬高房产价格、快速获利的时代，渐已不再。因为旅游地产的商业基因，让你必须理清"主题、客群、业态"关系，项目才有立基生存，进而发光发热的机会；旅游地产项目的设计师只需要解决平面布局、夸大立面效果的时代，亦早已不复。作为专业设计者，必须扩大自身的知识体系，结合跨行业的智慧和经验，形成一个可复制、可弹性修改、可按需求定制的知识服务体系，设计师才能继续以专业者的身份协助业主，在未来更复杂竞争的商业环境中，创作出满足投资回报效益，吸引消费群体，进而引领市场风向的旅游地产项目。

本文节选自《新楼盘》第 54 期

青岛红树林酒店会所

TOURISM-ORIENTED REGIONAL INTEGRATION WILL LEAD TO NEW URBAN TYPES

旅游导向型区域一体化引领新型城镇
—— 以北京市门头沟区清水镇项目实践为例

李文捷

李文捷，易肯设计总裁，总规划师，资深建筑师。曾任阿特金斯集团中国区董事。自1987年进入清华大学学习建筑设计以来一直从事专业技术工作，和不间断持续性的专业实践。由于行业发展趋势和个人兴趣的双重作用因素，在工作中涉猎多个学科，具备跨专业的复合型知识体系。

近年来，北京越来越严重的环境问题引发了世界的关注，成为接力"雾都"称号的第二个国际大都市，雾霾影响近半个中国，晴天旭日连日难觅，"宜居城市"已悄然远离，成为奢望。

2014年2月26日，持续将近一周的北京雾霾开始退去，在这一天，中共中央总书记习近平召开了京津冀协调发展座谈会，强调实现京津冀协同发展是一个重大国家战略。以雾霾天为背景召开的这次座谈会，显然是中央要下定决心解决污染问题和经济增长效率问题。在一周后的2014年3月5日《政府工作报告》中，国务院总理李克强提出"加强环渤海及京津冀地区经济协作"。门头沟区清水镇作为北京市西部边陲，与河北省保定市（涞水县、涿鹿县）和张家口市（怀来县）接壤，是京津冀地区经济协作的最直接的战略载体，作为京西深山生态涵养区，三地政府最大默契地保护区域生态环境，科学有序开展适宜深山地貌的特色产业，为北京建立绿色可持续的西部生态屏障。

回顾清水镇规划发展历程，我们在2011年（"十二五"开局之年）与清水镇政府就镇域总体规划达成协商，他们委托我公司编制《北京市门头沟区清水镇总体规划（2011—2025）》，以期深入发掘其丰富的资源，实现资源价值的发现、整合、提升和显化，为镇域发展提供科学有序，产业与空间可落地的规划思路。

经过一年多（2011.06—2012.08）的努力，在项目领导小组的带领下，设计团队走遍清水镇32个自然村及各类人文及自然景点，多次拜访相关部门及地域文化研究的老专家，召开各类研讨会议，最终项目组提出了清水镇作为"特色生态经济示范镇、京西第一生态休闲度假旅游目的地、清涿怀涞农产品综合服务中心"的总体发展目标，以生态涵养和环境保护为基础，明确了清水镇大力发展绿色旅游业的方向，规划了三级村镇体系，策划了4条主题沟域、12个特色旅游主题村镇、3大类旅游产品。

北京西门头沟区清水镇深山地貌

总体规划工作的开展

1. 规划背景

清水镇属北京市门头沟辖区，镇域总面积335.3平方公里，辖下32个行政村，2011年末，户籍人口6 086户，10 762人，镇域范围内山脉纵横，自然资源和人文资源丰富。

在过去很长一段时间，清水镇的核心产业主要是农林养殖业和小煤矿，但是由于山区用地的局限，农林养殖业形不成持续发展的产业规模。近年来随着北京市政府关停煤矿政策的逐步实施，清水镇面临着严峻的生存问题，迫切需要找到一条立足于自身资源禀赋和区位特点、转变经济增长方式、平衡好生态保护和城乡繁荣的可持续发展之路。

旅游业已成为当今世界最具发展活力和潜力的国民经济大产业。随着旅游业的快速发展和国家的大力支持，同时依据《门头沟区旅游文化休闲产业发展战略规划2011—2020》中提出的"文化引领、生态支撑、旅游驱动、多业联动"旅游发展策略，门头沟区将自身定位为"首都国际高端山地旅游文化度假区"，其中清水镇、斋堂镇、雁翅镇和大台办事处被定义为"深山旅游休闲度假区"。清水镇的特色与核心识别是"山地"和"文化"，同时应积极贯彻规划中提出的"全域泛公园"、"全域景区化"的理念。

2. 规划重点

1）坚持以科学发展观为统领，有效保护和集约利用土地及空间资源，找到可持续发展方向和模式；

2）确定清水镇的城镇性质、定位、发展目标和职能，划定镇区规划范围并确定镇区性质和发展方向；

3）建立合理的镇域村镇体系进行村庄重组，明确各级村庄职能和规模等级结构；

4）确立生态环境保护的目标，划定各级保护区范围，并制定明确的生态修

清水镇风景

复和环境保护措施;

5) 改变传统的经济生产方式,进行经济结构调整,构建绿色产业体系,找到新的经济增长点;

6) 挖掘有价值的历史文化和民俗,加以保护和传承,以形成具有可识别性的地方风貌特色;

7) 对未来土地利用和发展趋势进行科学预估,在保障耕地基础上进行土地资源的合理分配利用;

8) 根据总体定位和功能布局,配备合理的道路与市政基础设施系统,同时提高基础设施服务水平;

9) 改善农村居住环境和配套设施条件,提升农民生活品质,增加就业机会,优化人口结构;

10) 建立投资平台、投资渠道和运营机制,吸引专业的旅游运营商和地产商参与投资建设清水。

3. 城镇性质定位

北京生态文化旅游示范镇;

京西国际高端山地旅游休闲度假目的地;

清、涿、涞、怀农产品综合服务中心。

4. 产业发展定位及目标

依托清水镇的产业基础与资源禀赋,对接门头沟区总体经济特征,构筑以山地旅游休闲度假产业为核心,以精品观光农业、农产品服务业、文化创意产业三大产业为支撑的"1+3"产业架构,打造独具山地特色的京西高端旅游休闲度假目的地。实现生态保护措施明显加强、经济增长方式明显转变、镇域农村面貌明显改观、居民生活品质明显提高。

5. 发展战略

生态保护战略—创新驱动战略—文化提升战略—旅游支撑战略—乐活体验战

清水镇历史资源分布　　　　　　　清水镇自然资源分布

略—人才高地战略—品牌特色战略。

6. 产业发展规划

由于现状各种现有因素的制约，比如：跨越式发展要求与资源环境约束的矛盾；产业转型任务艰巨；基础设施建设相对落后。

基于清水镇的现状条件和生态涵养区的定位，第二产业必定逐步减少并融入到第一、三产业中，以农副产品深加工、旅游小商品手加工等形式呈现。由于耕地面积有限，清水镇第一产业不能通过数量和规模化提升，必须走精品、高附加值的产业升级道路。第三产业是清水镇产业的希望和强劲增长点，特别是现代旅游服务业。加强农业、农副产品深加工、旅游服务业和农贸服务业的联动发展，把清水镇的绿色产业推向更高层级。

主导产业定位明确，依托清水镇的产业基础与资源禀赋，对接门头沟区总体经济特征，构筑以山地旅游休闲度假产业为核心，以精品观光农业、农产品服务业、文化创意产业三大产业为支撑的"1+3"产业架构。

7. 规划布局

清水镇产业发展总体布局方案为"一轴、双心、四沟域"。

"一轴"即沿 109 国道的东西向的城镇发展轴；"双心"即：上下清水——镇域中心，镇政府驻地，整个镇域的政治、经济、文化交通及综合服务中心，规划结合旅游服务需求配置规格档次较高的旅游服务设施，同时兼具城镇综合服务功能；齐家庄——清、涿、涞、怀农产品综合服务中心，规划建设围绕农产品研发、展示、交流及贸易等功能的服务设施，同时兼具次级综合服务和旅游服务功能；"四沟域"即：龙门涧沟、灵山沟、百花山沟、达摩沟。分别为以大地艺术为主题的灵山沟域、以醇美生活为主题的百花山沟域、以峡谷传说为主题的龙门涧沟域和以海棠文化为主题的达摩沟域。每条沟域被赋予不同的主题，实现真正的"一沟一色"。

旅游产业发展规划

在编制总体规划的同时进行了旅游产业发展规划的工作（2012 年 2 月），在以"旅游导向型区域开发"为规划理念的基础上，全盘梳理了镇域的旅游资源，并进行了系统的旅游产品策划，为下一步项目落地提供了扎实有效的依据和指导。将发展旅游产业提升到全镇战略高度，作为可持续生态涵养、可持续经济发展、一体化城乡统筹、改善农民生活的重要举措。

1. 清水镇旅游发展定位——"京西第一镇清水伊甸园"

清水镇依托原生态山地景观资源发展旅游，兼顾高端、中端以及大众市场全面开发旅游产品，主打"观光"、"运动"以及"度假"系列，重点打造高端休闲度假产品，与周边村镇现有旅游项目从品质上拉开差距，将清水镇的旅游资源进行整合优化，打造"国际高端·文化娱乐·山地运动·休闲度假的旅游目的地"。

铺设村中地下排污网络，连接到每户，汇集至主管道排进处理池净化后，再用于灌溉农田，从而解决农村生活污水四处横流问题。

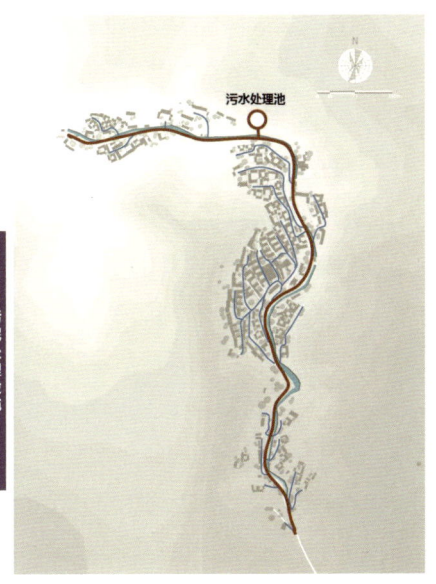

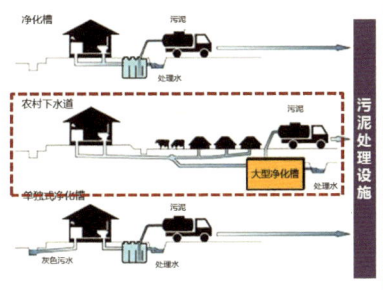

洪水峪村村庄改造污水处理方式

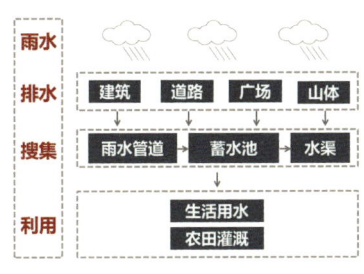

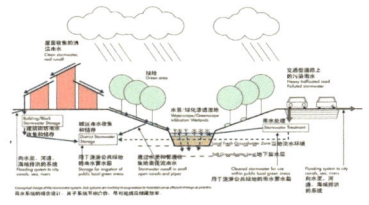

洪水峪村村庄改造雨水回收利用

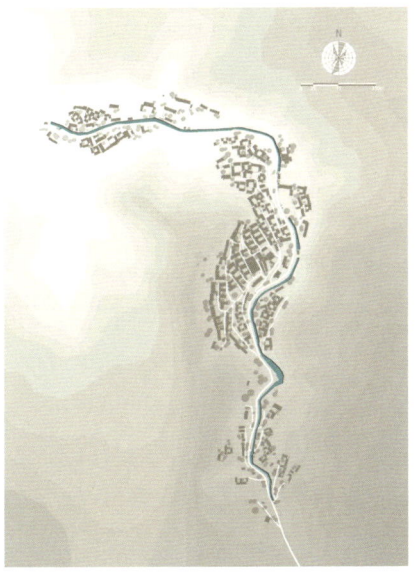

具体旅游项目的选择基于清水镇自身的产业与资源特征，注重与农业、种养殖业结合发展。同时，所有旅游项目的开发都必须以生态涵养为前提，否则清水镇的核心吸引力将荡然无存。

2. 旅游分区及产品策划

1）灵山沟域

资源特色：灵山沟辖灵山自然风景区、聚灵峡风景区、小龙门国家森林公园和规划迁并后的九个行政村，沟域面积169.56平方公里。109国道东西向穿过，是清水镇四沟域中对外交通条件最好的区域。灵山素有北京最高峰之美誉，海拔2303米，站在灵山最高峰一览燕京大地，无论从气势上还是视野上都是其他景区无法比拟的。位于洪水口村的二帝山，犹如两位威严的皇帝指点脚下的河山，聚灵峡内峰灵水秀，皆是隐藏山间潜力巨大的自然风景资源。

功能定位：生态山水巅峰体验沟。

沟域主题：大地艺术。

主题小镇及潜力项目：大地之缘（齐家庄）：农产品服务中心、大地艺术展场、机构培训中心及研发基地等；核桃庄园（双塘涧、小龙门、胜利）：房车俱乐部、户外运动基地、核桃庄园休闲酒店、核桃加工基地等；乐活天地（洪水口）：二帝山探险训练营等；快乐农家（江水河）：乡村客栈、农家体验等；大山驿站（老椴木沟）：徒步家园、观星阁、石板群落等。

2）百花山沟域

资源特色：百花山沟（黄塔沟）辖百花山自然风景区和规划迁并后的八个行政村，沟域面积79.59平方公里，有着丰富的自然资源和环境优势，在景观资源上集垂直性、立体性和多样性为一体。白花山沟自沟口便有潺潺溪水相伴路旁，是清水镇四沟域中水景资源最为丰富的区域。黄塔—八亩堰的旅游服务功能带已初见雏形，黄安坨村得天独厚的深山台地景观和通向百花山顶峰的进香古道均是绝好的旅游资源。简昌、艾峪、双涧子、公涧铺四个山地小村落坐落于幽静纯美的山林深处，与大自然浑然一体，是养生度假的理想胜地。

功能定位：高山植物休闲度假沟。

沟域主题：醇美生活。

主题小镇及潜力项目：写意山村（龙王）：清翠谷、望山台等；花田小镇（黄安坨）：芳香基地、飘香工厂、进香古道、天池垂钓等；天籁山庄（张家铺、简昌、艾峪、双涧子）：野奢酒店、温泉养生等；山盟小镇（黄塔、八亩堰）：旅游服务中心、结缘堂、植物大观园等。

3）龙门涧沟域

资源特色：龙门涧沟辖东龙门涧风景旅游区和 4 个行政村，沟域面积 59.1 平方公里。燕家台村拥有清水镇保存最为完整的古村群落，背靠东、西龙门涧，遥望百花山主峰，是风水极佳的养生宝地。村中的通仙观碑刻是北京市区级文物保护单位，道家学派的历史遗留，更为整条沟域添上一丝神秘的宗教色彩。西龙门涧山势险峻，奇崖峭壁林立，对攀岩和探险爱好者有着非同寻常的吸引力，未来旅游发展潜力巨大。

功能定位：山地探险民俗体验沟。

沟域主题：峡谷传说。

主题小镇及潜力项目：逍遥山庄（燕家台）：通仙修行馆、药膳坊、太极茶道屋、清心书屋、道教养生研究院等。

4）达摩沟域

资源特色：达摩沟辖规划迁并后的 2 个行政村，沟域面积 27.05 平方公里，历来以出产煤炭扬名，继关停煤矿恢复生态之后，挖掘新的支柱产业成为达摩沟发展的重中之重。达摩沟盛产海棠，该处的地理气候环境条件极适宜海棠的生长，可吃、可赏。冬天满树的冻海棠，透过干枯的枝桠，泛着诱人的红色，展现其惊艳之美。此外矿坑以及采矿塌陷区的生态修复和再利用也是开发的重点，依托废弃的矿坑可做体验、游乐型活动，成为真正的欢乐谷。

清水镇村庄场景

功能定位：生态修复工业转型示范沟。

沟域主题：海棠文化。

主题小镇及潜力项目：海棠乐园（洪水峪）：山谷酒店、花果山、矿坑探秘、室内植物园、观光采摘园等。

3. 旅游服务体系规划

根据现有基础设施和发展潜力，结合城镇空间体系形成四级旅游服务体系，不同等级的服务中心承担不同的功能，实现清水镇的平衡发展，将旅游业的发展与城市化的进程融合起来。在服务功能的设置上，将部分对环境影响较大的大型服务功能配置在保护区外，实现旅游区的发展与生态环境保护的统一。通过立体的四级旅游集散体系，实现游客的逐级集散，合理布置旅游路线，增加游客的停留时间。

一级旅游服务中心一个，上下清水将现状的上、下清水整合，资源共享，合理开发，统一发展。上下清水为镇政府驻地，服务配套设施的规模最大，承担中转集散的功能。一级旅游服务中心提供了规模最大、功能最全的服务配套设施，包括：餐饮、住宿、金融、医疗、娱乐、零售、交通等方面，服务范围覆盖整个清水镇。

二级旅游服务中心共三个，为龙门涧沟的燕家台、灵山沟的洪水口、百花山沟的黄塔—八亩堰。二级旅游服务中心承担从一级旅游服务中心分流来的游客，为沟域内游玩的游客提供配套服务，起辅助集散和过路补给功能。二级旅游集散地提供了一定数量的配套服务设施，服务范围覆盖本沟域。

三级旅游服务集散中心旅游主题小镇共八个，为百花山沟的花田小镇—黄安坨，写意山村—龙工村，天籁山庄—张家铺—简昌—义峪—双涧子，灵山沟的大山驿站—老椴木沟，大地之缘—齐家，快乐农家—江水河，核桃庄园—小龙门—双塘涧—胜利，达摩沟的海棠乐园—洪水峪。小镇展现了清水镇个性的另一面，或游、或赏、或住、或玩，都与众不同，将其特色放大并打造成各色主题品牌。

四级旅游服务集散中心规划在沟域内条件适宜的村庄打造乡村客栈和都市村庄式的农家体验游，提供民俗旅游和大众接待服务。与上一级服务中心有着良好的交通和信息联系，是清水镇休闲度假旅游的基本单位，也是农民参与旅游产业的基本切入点。

结论与建议

《清水镇旅游产业发展战略规划》的编制与深化研究，使地方政府及百姓坚定了转型发展的信心与决心，基于旅游发展对远景的勾勒让全镇人民看到了依托生态自然发展旅游产业给地方经济带来的希望，群众参与的积极性达到空前高度。目前，政府正在快速推动近期重点发展项目的招商及立项申请政策与资金的具体事宜，相应的详细规划设计工作也在有条不紊地进行深化与完善。

清水镇的总体规划和旅游规划是一个典型的"旅游复合产业的区域一体化发展"的案例，旅游复合产业的区域一体化发展资源的特征，往往都含有优质的自然生态环境以及多样化的旅游资源，结合现状都有疲软不利的现状产业，三农问题缠绕其间，涉及到城乡统筹，城乡的二元结构突出的问题，同时软件和硬件设施都很落后，交通区位也跟不上，但是它的机遇是潜在的。解决这类问题的重点是地方政府主导，生态保护为前提的，产业升级解决就业为目的，在传承当地文化和保护原住民利益的基础上来挖掘资源的优势价值，通过体系性的规划和创意性的策划来整合提升资源价值，以政府搭台、旅游唱戏、政府联动为手段，以核心主题旅游开发项目为抓手，通过市场化经营和专业化管理达到价值，实现区域繁荣、体系发展的目标。

旅游复合产业的区域一体化发展的核心策略是旅游全产业链融入区域产业结构与区域发展城乡空间一体化的价值共生体系。以三方利益综合最大化为宗旨，为政治家谋名，为开发商谋利，为老百姓谋福，为子孙后代留足够的发展空间。综合旅游开发一体化包括六个一体化——区域一体化发展、产业一体化发展、空间一体化发展、交通一体化发展、基础设施一体化和开发产品一体化。

以"旅游导向型区域开发"为核心发展策略，以生态资源保护、人地和谐发展为设计根本，以实现旅游带动区域经济产业平衡发展为服务宗旨，以打造深度体验的高品质旅游目的地为目标愿景，区域旅游规划是实现景区旅游健康发展的根本保障。当然，区域旅游规划是一个动态的、连续的过程，它不是一成不变的，在这过程当中需要不断地根据市场变化及旅游需求进行修订和完善。

后续深入工作

清水镇总体规划和旅游总体规划为清水镇的发展制订了战略目标，为了实现从总体规划到旅游规划，最终到完成每个沟域和村庄详细规划的自上而下一脉相承的设计工作，政府与公司团队签订战略合作框架，持续为清水镇政府提供全方位多维度的专业及品牌宣传服务。

随后易肯深入参与了多个主题村庄和山野旅游综合体的项目开发实施过程，包括"椴木沟新村村庄规划及住宅设计"、"洪水峪村庄改造提升设计"、"田寺村村庄规划及产业发展战略"等最能直接改变本地居民生活质量的新农村系列项目；同时基于清水镇各沟域不同风情的旅游资源与民俗底蕴，我们又陆续开展了"椴木沟村山野旅游发展规划"、"虎头山景区旅游规划"、"海棠谷山野旅游景区规划"等旅游规划项目。

在深入研究与规划设计各子项目时，首先使上位总体规划和旅游发展规划得到很好的落实与执行，不偏离既定路线，同时在深层次解决具体项目具体问题上又能更深入地专研与发散，全方位专业解决最实际的农村和景区的发展瓶颈，提供"一域一主题，一村一品质"的个性化定制设计服务。

新型城镇化是中国近期将持续发酵的主导事件，而"美丽中国"的实现很大程度上受到新型城镇化发展程度的影响，那么从政策决策制定到咨询策划规划，再到最后的设计与实施的一体化过程显得尤为重要和必要。我们也是在这样的背景下对于北京市门头沟区清水镇的发展提供了全面的咨询服务与规划设计，过程虽艰辛坎坷，但激情依旧。

"旅游导向型区域一体化"是长期对于区域发展的深度总结和提炼，能为区域发展提供国际视野与本土智慧完美结合的综合解决方案，对于城镇转型发展具有普适性，随着新型城镇化建设逐步进入深改期，旅游导向型区域一体化开发将影响并引导新型城镇化发展大格局。

IR MASTERPLAN FOR SHENZHOU PENINSULA

神州半岛综合度假区旅游规划

林美秀

林美秀，AECOM 旅游规划设计总监，美国注册景观建筑师。所参与项目跨越美国和中国等地，在酒店和旅游度假区、城市综合体、社区规划和住宅景观设计方面具有丰富的设计和施工知识及经验，擅长从设计到施工的项目全程管理和注重景观设计过程中的设计与历史、文化及自然环境相融合。

位于海南岛万宁的神州半岛，拥有四个南向的白色小海湾、独特地形以及一条拥有完好红树林的内陆海岸。这片红树林生长于风景如画的山脉之中。尽管海南岛的发展迅速，但神州半岛的偏僻地理位置使其避开了仓促开发的风潮，保持着她的质朴。

AECOM受业主委托负责神州半岛综合度假区的旅游规划。范围包括3 600公顷的核心研究地区，含1 200公顷的半岛区域，再扩展到周边40 000公顷的地区分析报告，帮助正确识别各个不同区域的特质。其中包括酒店、主题公园、高尔夫球场、住宅区、码头以及配套基建的总体规划工作。AECOM将神州半岛定位为"非单一性度假胜地"，即提议将其发展成为一个度假共同体，其中每个度假胜地均有自己的目标市场，而不是发展成为一系列各不相干的大型酒店。市场范围从大市场短期游客到退休人群、高消费家族企业以及高尔夫和水上活动群体，主要服务于经济地位正在上升的国人群体。在策划中我们建议发挥海南在健康环境和中药林木方面的声誉优势，确立神州半岛为一个良好的养生区域特征；并通过对"神州半岛"品牌故事的深度挖掘，帮助提升品牌的认知度，创造全新的品牌形象系统；致力与业主项目团队及当地政府相关领导共同计划订定神州半岛为一个中国度假区的开发新典范。

位于神州半岛第二、三湾的The Dunes神州高尔夫球场，为著名高尔夫球场设计大师汤姆·韦斯科夫（Tom Weiskopf）设计。在项目前期，AECOM不仅进行了度假区内水景基建的规划，也完成了高尔夫球场水景规划的可行性研究，为水景及各类水资源提供设计建议，包括针对由潮汐运动、季节性降雨和蒸发引起的水位变化的管理办法；循环使用中水以维持水景内的水位；水质整治策略及控制水景大小，以确保高尔夫球场内有充足的灌溉水源。在景观方面The Dunes充分利用基地原有的海岸沙丘和嶙峋巨石所形成的独特地貌，结合适宜沿海及沙丘生长丰富多样的植被，使整个球场与环境融为一体。

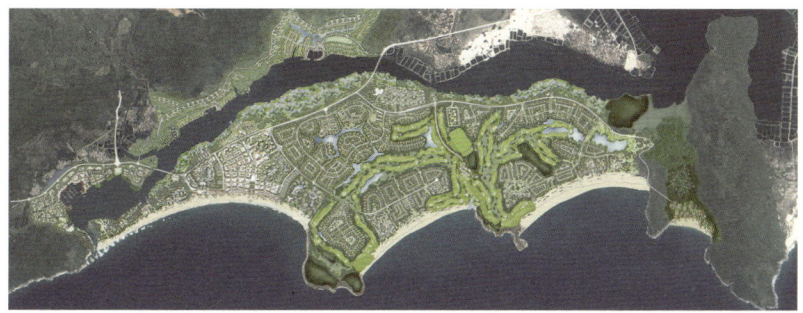

神州半岛综合度假区总体概念规划

NAKED STABLES PRIVATE RESERVE: A GREEN WEEKEND FOR CITY PEOPLE

裸心 | 谷：把绿色周末生活卖给城里人

李柯达

高天成（Grant Horsfield），裸心集团创始人。在2005年来到中国之前，高天成在英国和南非拥有超过10年的企业管理和运营经验。凭着IT的背景，他在2000年开办了e-Bites（Pty）有限公司，在南非全国化的运营。2004年获得了开普敦大学商学院MBA学位。2007年在中国创办裸心酒店管理集团，目标是创建一个远离尘嚣，与大自然融合的休憩胜地，提倡裸心理念的生活方式：坦开心扉，拥抱自然，回归本质。2008年湖州政府授予他环境大使的称号。裸心酒店管理集团旗下拥有裸心 | 乡，裸心 | 谷两家度假村。

最开始，南非小伙高天成就没想过，自己会留在中国，做起绿色度假村的生意。经济管理学出身的他，早年在南非经营自己的公司 Little E Bites。2005 年，他来到中国淘金。"希望找到一样中国市场正缺少的东西。"可在上海，他发现高楼林立，车辆拥挤，看起来似乎什么都不缺。

看起来而已。他觉察到中国与南非是如此不同。"平日夜里，还有周末，我们一定会聚在一起放松放松。"高天成开始想念伴随自己长大的农场。于是，他常离开逼仄的城市，开始自驾或者骑车，到上海周边兜风，直到在德清县的莫干山，一次恰到好处的迷路。

那就是如今"裸心 | 谷"的所在地。这是高大成于 2007 年创办的裸心集团旗下的酒店品牌之一。上周，这个度假酒店还获得了国际 LEED 绿色建筑铂金级认证。这是中国首家获此殊荣的生态度假村。

LEED 是美国绿色建筑协会建立并于 2003 年开始推行的一种认证，在美国部分州和一些国家已被列为法定强制标准。其宗旨是在设计中有效地减少环境和住户的负面影响。

对于新建案，评估体系由五大项、若干细分指标构成，主要从可持续建筑场址、水资源利用、建筑节能与大气、资源与材料、室内空气质量等几个方面对建筑进行综合考察，评判其对环境的影响，并根据每个方面的指标进行打分，综合得分结果，将通过评估的建筑分为铂金、金、银认证级别，以反映建筑的绿色水平。

高天成说，自己一开始就决定以获得 LEED 铂金认证为目的。"这符合我们的初衷。而且中国需要这样的绿色建筑。"高天成说，酒店按照最全面、最严格的环保设计标准来建造。

选址是门学问。"我们当时考察了这一地带的山区，看到有部分树木已经被政府砍伐了，所以集中将建筑物建在已被砍伐过的区域。"高天成说，酒店的整体设计以不破坏自然景观为原则，完整保留了原有的植被，"为了不破坏植被，我们没有去平整土地，而是根据自然地势，用定制的钢筋架构支撑悬空的别墅小

双层无边泳池　　　　　　　　　　　　　　　　裸心小馆俯瞰图

屋,所以每栋别墅其实大小都有些许差别。"

整套设计也提高了各种资源的利用效率。"树顶别墅采用 SIP 结构保温板建造,这是一种加入了隔热层的复合预制板材,具有减少浪费、安装快速、保温性良好等优点。"高天成介绍,为了尽可能不在山谷上施工,这些别墅选用的板材,都是预制品,只要在运到施工地后,像组装宜家家具那样,按照既定编号搭建别墅即可。

"你猜,一栋别墅从动工到建成需要多少天?"他问。答案是五天。

"裸心|谷"品牌酒店,主要有两种住宅类型:树顶别墅和夯土小屋。后者也采用了保温技术,却很古老,老到现在的年轻人已经不会这门手艺。高天成请来了当地已经几十年没有用这种材料盖过房子的 70 岁左右的老匠人。这门技艺在国内称为夯土。

这夯土墙具有极大的蓄热能力及良好的隔热性能,而所需原料都能在当地获得——模板、土壤、水和氧化物——氧化物是用来染色的,让小屋看上去更鲜艳一些,而不是使用油漆等材料。这种技术所需的水泥远远少于传统的混凝土,技术团队甚至考虑将水泥使用量减少至零。高天成说,通过钢架与水泥的辅助,目前已能应用该技术建造五层楼高的房子。

两种住宅都使用了低辐射的双层中空玻璃门窗采光,以及节能水源热泵来提供暖气和冷气。整套别墅区还对雨水中水循环处理做了系统性的规划。如此一来,总体能源成本节省了 46%,总体水源节约了 32%。对个体用户而言,每栋树顶别墅及夯土小屋均配有能源记录表,为客人记录耗电量及环境足迹,耗电量低于标准的还可以获得房费折扣。

"裸心|谷"不是一天建成的。在争取获得 LEED 高分认证的过程中,高天成遇到了不少麻烦。"在中国,绿色建筑还是个相对较新的概念。要获得高分,需要设计、工程、土建等各个机构的配合。可当时我们提出这样的概念的时候,他们完全不懂,还会反问你,LEED 是什么。"高天成回忆那段到处奔波寻找合

裸心谷—树顶别墅

裸叶水疗中心树屋理疗室

kikaboni 雪茄吧

适建材的日子，"我们选择的余地很小。要获得 LEED 承认，必须采用第三方认证的绿色材料，而当时中国国内很少有选择注册第三方认证的材料提供商。"他记得在选择哪条地毯合适的时候，发现全中国也就一家企业可供挑选。"供需关系会影响价格，你知道的。"他笑着说。

据美国绿色建筑协会的工作人员介绍，在 2007 年时，共有 57 个国家过万个项目获得了 LEED 认证。到了 2013 年，这一数字预计会增长为 135 国 5 万个注册项目。而截至目前，中国只有 304 个项目获得 LEED 认证，800 个项目还在注册流程中。

高天成选择就地培育这种绿色理念。在施工过程中，他聘请了本地社区的 300 多名员工；酒店现在所有员工，有 60% 来自本地。"我发现在当地设置垃圾箱不能解决根本问题。"高天成观察了一段时间说，当地居民此前接触的都是食物等可降解生物材料，但现在不可降解材料越来越多，因此通过提供工作机会，向当地社区居民引入环保的概念非常重要。

还得培育市场。酒店所在地距离上海两个半小时车程，距离杭州仅一小时路程。但目前客源基本来自上海。"一开始接受这种概念的人群主要是世界 500 强企业的员工。他们常来这里过个周末，或者干脆把一些重要商业会议安排在这里。"

不过，高天成已经很满意 2012 年的经营状况。在这正式开门纳客的第一年，就获得了 6 500 万人民币收入，年均入住率达到 60%。"我们此前预计第一年能有 30% 就很不错了。"高天成决定加大投资力度。

未来三年，高天成计划投入 10 亿人民币继续这桩绿色的生意。"已经有 15 个项目在我们的观察范围内。"高天成透露，这些项目主要都分布在北京、上海、香港等 500 强企业密集的大城市周边腹地。当然，所有的项目都以获得 LEED 认证为目标。

同时，裸心集团也会对这些度假酒店附近的其他城市加大营销力度。高天成相信像杭州这样的市场，很快会在一两年内成长起来。

本文选自福布斯中文网

裸心谷—夯土小屋

树顶别墅客厅

EEG'S FILM CULTURE VILLAGE PROGRAM IN HANGZHOU

中国杭州英皇影视文化村

王旭

王旭，SMART 度假地产专家委员会秘书长，ZNA 泽碧克建筑设计事务所董事，执行总监，AIM 组委会主席。美国宾夕法尼亚大学设计学院建筑学硕士，具有丰富的国内外大型建筑设计和城市规划设计项目经验，擅长大型商业综合体和度假酒店设计。过去 10 年里，他的作品曾包括获得建筑界设计大奖的校园总体规划，大型商业综合体，旅游酒店度假区，综合住宅社区等多种项目类型。2012 年，王旭提出度假地产全生命周期服务解决方案——SMART 体系，以多年参与项目开发规划设计的独特视角，整合关乎度假地产项目成败的战略、管理、市场、设计、研发及教育资源。作为北京市首都设计产业提升计划政府支持项目的带头人，王旭致力于打造服务于旅游度假地产全生命周期的开发平台。该服务创新项目已被列入北京市科委科研项目库。

杭州英皇影视文化村项目地处杭州市西余杭区，距离著名的西湖景区约13千米。周边有大量的旅游资源、开发区与高档住宅区。场地紧邻和睦原生湿地与五常湿地，西溪湿地位于场地5千米范围内。周边其他景点还包括灵隐寺、龙井山园、宋城旧址、午潮山国家森林公园、湘湖旅游度假区等等。文一西路与文二西路是场地北边与场地南边的两条主要干道。

大环境与微环境开放空间体系的连接，是本项目布局的特点之一；大大小小的开放空间更好地渗透到场地之中，如大尺度的湿地公园、水道、活动广场，中尺度的景观街道和轴线、绿地节点，小尺度的特色街区街道、水巷、河岸等，增加了基地空间的趣味和项目的整体价值。从活动形态分，有专门为大型会演如红地毯活动而设计的广场空间；商业氛围活络的名店街和购物水巷；为来访游客提供休息与互动地点的影视制作区和学校区；让游人舒心倘佯的湿地公园绿色小径。

此次在项目设计过程中把场地分成了四个功能组团：会议演艺区、影视制作区、影视教学区与休闲度假区。四个组团由贯穿基地，尺度宜人的特色弧线景观步道所连接，弧形景观步道在四个功能区的分段会个别体现不同的主题和空间特性：以会议演艺区的椭圆形态的星光广场为起点，体现大型会演活动所要展现的大气恢弘和细致时尚；通过影视制作区的连续街区，体现视觉和声音媒体平台与商业活动结合的热烈气氛。在影视教学区，特色步道形成较安静的氛围，尺度更加人性化。使环境氛围由热络的影视主题综合区域渐渐转换到沉静的影视技术和研发的学习区。在休闲度假区，特色步道与湿地环境融合为一体，以自然为背景，有机串联休闲度假区主要节点如水鸟河湾、湿地水巷、绿茵广场。

SMART团队在本项目中负责S, M, A, R四方面的工作：

○ 战略策划团队为英皇这一项目量身打造了高度契合的业态配置及互动，影视制作基地利用地段距象山和横店影视基地的距离优势保证当天往返的影片制作服务，培训学校的学生可以在制作基地和演艺中心直接参与实践。会议会展中心主要用于从事影视方面的会议展览、版权交易等事项，而依托以上业务产生的

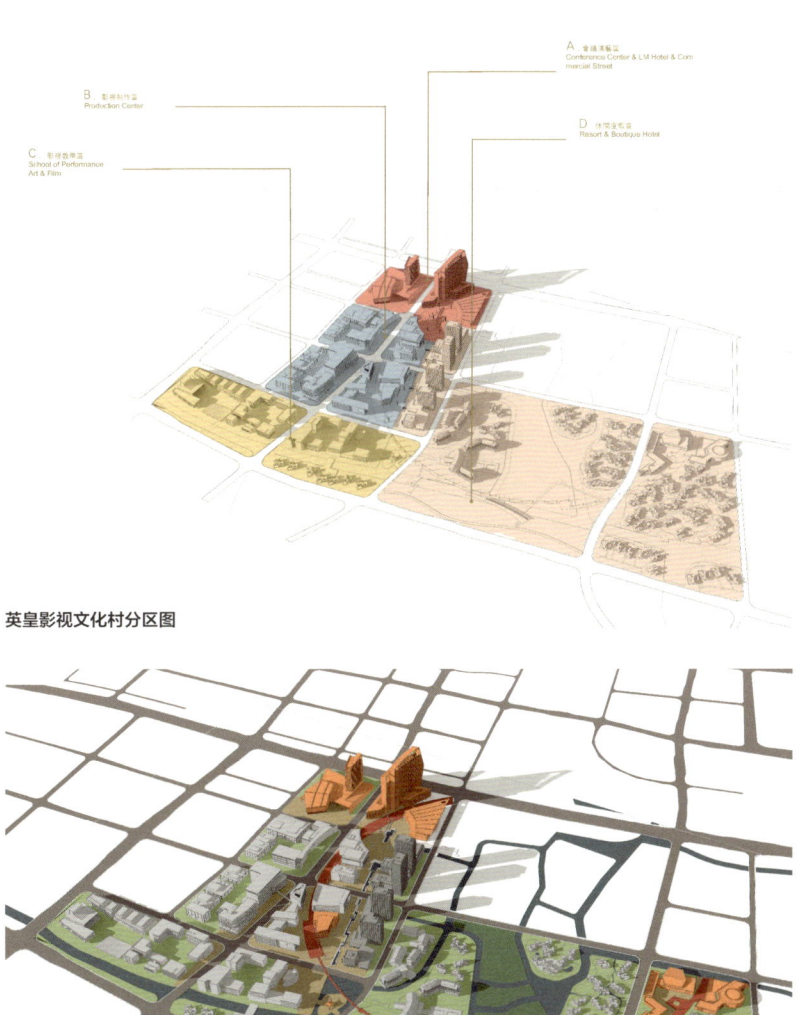

英皇影视文化村分区图

城市空间框架与策略

长期或短期居住人群可以入住酒店式公寓。商业街，星光大道及文娱广场，度假酒店和影视拍摄基地的游览流线构成了一个完整的游客动线，类似于环球影城的商业模式，将本案打造为既是度假和游览目的地，又为周边西溪科技岛的海创园和淘宝城提供了周边配套。各个功能组团相辅相成，相互依托，构筑了一个不可分割的拥有绝对集群优势的综合度假目的地。

M—项目管理团队协调了不同类型顾问公司的各项工作，并且参与了组织讨论与任务书制定工作。

A—设计团队全程参与了地块规划与城市设计，建筑设计过程，并对城市空间的塑造，主题的选择及与自然环境景观的融合给出了鲜明的设计理念，为项目策划理念与空间形态中的高度同步与统一作出了重要贡献。

R—研发团队参与整理研究了世界同类型媒体中心规划，策划与设计，为本案的项目定位、功能分区、业态布局和体量设置提供了依据和基础，并在度假产品和公寓产品定位上进行了运营层面的分析。

英皇影视文化村地标酒店透视效果图

英皇影视文化村鸟瞰全景效果图

ART AND PUBLIC SPACE

艺术与公共空间

范元生

范元生，自由艺术工作者，小牛顿新艺术空间创始人。1975年出生于黑龙江，现工作和生活于北京。曾参演徐若涛执导独立电影《反刍》，入围温哥华电影节龙虎竞赛单元。

让我们回溯西方艺术史到1972年7月15日下午3点32分,轰然一声,圣路易斯市政府爆破拆除了名为普鲁特—艾戈(Pruitt Igoe)的公共住宅设施(这是一座占地53英亩的典型的现代主义集约化建筑群,因过于巨大和集中导致了诸多问题被迫拆除)!现代主义建筑为主的时期,因思想上对于隐私、个性、环境、地位等小范围的个人要求的漠视而宣告结束;接踵而至的是更加自由化的将历史风格、本国特色以及装饰与隐喻相结合的、折衷的,认识到了建筑的复杂性与矛盾性的后现代主义建筑。相信今日的度假地产、慢生活等新的地产概念的产生与发展依然得益于那个时期观念的转变!

艺术作为人类整合性与补偿性行为,它完善着人的基础人格,又为存在本身提供佐证;艺术的空间,即使因为我们往往由于置身其中而忽略了它,但依然时刻影响着我们感知的方式和行为的节奏!

今天,当我们谈论艺术改造公共空间的时候,已经有了前人各种各样的尝试。大地艺术、环境艺术、公共纪念碑、装置、雕塑以及建筑都是公共空间丰富隐喻的载体以及气氛营造的中心点,甚至架上的二维绘画、涂鸦以及一块颜色本身都可以改变一个或大或小空间的独特节奏;建筑本身作为物体更对空间产生着直接的作用。以下的几位艺术家,都是艺术改造空间的大师级艺术家,他们在艺术和建筑史中曾经对一代人有过重要的影响。

好莱坞最近放映的影片《变形金刚4》中,生活于芝加哥的主人公上班的路上经常路过一个被芝加哥人称为"豆子"的圆润的巨型镜面不锈钢雕塑;男主角常常顺便把它当镜子照。此作品正是被称为"营造艺术家"的英国人安尼施·卡普尔(Anish Kapoor)的杰作。作品的名字叫《云门》(Cloud Gate),高33英尺,重达110吨。这个巨大的圆形亮球坐落于芝加哥世纪公园,被周围的建筑环绕,同时映出着周围环境的影像:天空、建筑、行人、广场……这件作品不仅仅具有柔和而简约的姿态和大得令人振奋的体量,同时体现了作者试图通过作品自身达到与周围空间达成交流的意图。作品的镜面效果很漂亮：云朵掠过的过程，犹如行走于球形的湖面，时间的运动性和瞬间性影响了人们对空间的感知，由高度差造成的建筑群的俯视视角在球面与建筑之间形成了一种视觉张力（或紧张或柔和的对视）充满了彼此的空间，由于时间以及光线的变化球面上的影像一直保持着一种柔和的变形！安尼施·卡普尔是一位勤奋而高质高产的艺术家，作品往往以充满神秘感的外形引人入胜，通过他的系列作品可以窥见其就对立辩证关系的持续探究：内与外、存在与缺席、空虚与丰满、有型与无形。安尼施·卡普尔的作品与空间有着紧密的连接，因此由众多的私人及公共空间机构收藏，包括MoMA、阿姆斯特丹城市博物馆等，著名的"马尔斯亚思"则被安放在了泰特当代艺术博物馆图毕内大厅。

提到空间营造不可回避的要提到大地、环境艺术，因为就其现时所处的高度世俗化时代而言，大地艺术无疑是对空间审美的挽救。1969年到1970年间艺术家罗伯特·史密森（Robert Smithson）在犹他州的大盐湖创作了被喻为大地艺术作品中最富于浪漫色彩的作品《螺旋防波堤》（Spiral Jetty），史密森这样形容作品所处的大盐湖，"一个冷漠而又迷人的紫罗兰色的薄片，覆盖在乱石嶙峋的发源地上，太阳把耀眼的光倾洒在它的上面"。这件作品优美的曲线和离奇的粉红、蓝和棕黑色，给予观者以无限的审美愉悦，但他那纯粹的形式，却来自于史密森对现场的了解以及他对熵（即所有物质腐烂的速率）的迷恋。根据当地的传说，湖畔的结晶体和湖中的漩涡是湖底一条与大西洋相连的地下通道产生的。因此，《螺旋防波堤》获得了其象征的意义。

能够将欧洲地景艺术的绘画性和短暂性与典型美国大地艺术的概念与宏大规模融为一炉的当属瓦尔特·德·玛利亚（Walter de Maria）的作品《闪电的田野》（The Lightning Field）。在墨西哥一片荒无人烟，经常发生大气放电现象的原野上，400根不锈钢杆以格栅阵式排列于1英里乘1公里

开篇页：螺旋防波堤，罗伯特·史密森
本页：云门，安尼施·卡普尔

的范围内。这个作品的素材是闪电,通过有意制造放电现象,将浩浩苍天与渺渺大地联系在一起,从而介入了二者之间的关系。一件赞颂令人敬畏的自然现象之力量的作品可以产生雄奇瑰丽的效果,虽然这种效果是不可预见、不可重复和极为短暂的。

接下来提到的是现场雕塑家中最著名的艺术家——人称"捆包"大师的克里斯托(Christo,曾经用纺织物将整座德国柏林议会大厦包裹起来)。他最著名的作品是《流动栅栏》(Running Fence)。作品体量巨大,穿过加利福尼亚州的玛琳县和索诺马县。作者亦付出了巨大的艰辛:首先是为了克服官僚障碍打了三年官司,为了扭转当地人的普遍敌意进行了一次持久的个人游说活动;当所有的问题得到解决后,他便招了65名技术熟练的工人,耗时数月,亲自指挥将24英里长的基础固定,然后,350名学生狂热地干了三天,将18英尺高、65 000码长的尼龙织物装在62英尺为一组的钢缆上,这样,《流动栅栏》便穿过田野,越过山峦和谷地一头扑进大西洋。这件作品美得神秘而令人着迷!它存在了两个星期,随后便拆掉了,以防对当地生态造成影响。作品完成于1976年,成本320万美元,为当地商业往来人员带来了900万美元的经济利益。克里斯托在《流动栅栏》中以新的手法表现了人们所熟悉的东西,揭示了被诱惑所威胁的世界的美。这种美与未受到威胁的、瞬间的艺术所带来的美感是等量齐观的。

近十年来,中国的收藏家和建筑师也开始在艺术与空间的结合上努力做出多种尝试,以艺术改造一个百货公司,以艺术带动一个街区,以艺术为整个城市的再定位注入活力,这些都是在最恰当的化学试剂比例中,艺术为空间带来的魔法!这些案例中有以艺术打破商业地产传统形态的领头羊——香港的K11项目,北京的侨福芳草地项目;用美术馆概念打造整个区域风格的项目——上海外滩源项目,深圳OCT华侨城项目,南京四方美术馆项目;以及专业美院与各城市项目之间的种种尝试。SMART团队尝试发起这个课题,

流动栅栏，克里斯托与珍妮·克劳德

从我们已有的艺术地产项目开始，探讨在中国的环境和国情下，以艺术改造空间的各种可能性，藉此，我们希望在公共空间这种普通人能够自由出入的环境中，探讨艺术乃至文化对于一代人的改变。

最后借用著名大地艺术家克里斯托的话送给兢兢业业为度假地产事业奉献的 SMART 团队：我的创作总是濒于不可能的边缘，但这正是令人兴奋之处！

SMART INTEGRATED RESORT DEVELOPMENT FULL LIFE CYCLE SYSTEM

研究 + 标准
Research & Standards

SMART
度假地产全生命周期

SKEPTICISM TOWARDS VACATIONING REAL ESTATE

对度假地产的质疑

孙君

孙君，公益组织绿十字创始人。曾担任北京地球村环境文化中心副主任，中国社会科学院环境与发展研究中心农村可持续发展项目负责人，联合国教科文 EPD 教育项目北京可持续发展教育协会常务理事。多次应邀参加国内外大型环保活动，如"中美 NGO 论坛"、"世界地球日—中国行动"、"可持续发展世界首脑会议"、"公民社会的作用和中国环境问题"座谈会等活动。入选"首都环保之星"、"中国最具有行动能力三农人物"、"中国民间十大最有影响的人"、"感动襄樊 2007 年十佳人物"等。被誉为"中国的生态画家"。

今天的中国，我最怕房地产开发商，只要他们瞄上哪里，文化就会被破坏到哪里。近十年的中国（建筑）文化遇到的最大摧残，就是一群有文化的房地产商干了最没有文化的事情。

建新房，拆旧房；拆古城，建新城。在中国，从城市到乡村，无论是古建筑，还是古村落几乎都被袭击一遍，偌大的文化古国，在"文革"之后又再次难逃浩劫。冯骥才说，我们毁掉了城市，别再祸害乡村了。我说，如果城市被毁掉的是知识主体，那么乡村被毁掉的就是文化主体。乡村建设千万要小心，尤其偏远的原生态地区。当然，这些也不能全怪开发商，政府如果不同意，开发商也没有那么大的胆子。规划师与设计师不出图纸，开发商也建不了房子，助纣为虐的是一群唯利是图的人。在这一点上我孙君问心无愧，坚持我的"孙九条"，我坚持的是我的人格和对自己职业的尊重。

新农村建设多年之后，我们再回头看看新建的乡村，哪里还是乡村，哪里还有田园与乡愁啊！

人们最担心的是中国仅剩的一些原生态区域——最偏僻贫困之地，那里依然保存着中国元素，能感受到东方农耕文化的气息。但是，今天以度假为名的开发商又瞄准这些仅剩的中国原生态文化（区域），真是中国文明的不幸啊。度假到哪，哪里的文化由真变假，所有的自然生态就变成人工生态，所有原住民就会被"七星级"人驱赶出去。原因很简单，这里是一个度假者的乐园。度假原本就是一种虚假的过程：度，为过程，一个短促的时间与空间；假，就是假的意思。度假者很多是一群原本穷的人一下富有了，或者在生活中像无头苍蝇一样，热衷于一种虚脱与浮夸的流行与时尚的生活，就像很多没文化的人花很多钱到清华与北大读MBA一样，以为拿了MBA文凭就有文化了一样。其实这些人有的只是钱，没有真的文化，充其量是有知识没文化。今天很多人还不知道，只要我们一看到谁有MBA证书，就很快知道这个伙计真的没文化。改革开放三十年，人们开始从无人区公园（没有人住）向有人区表演型的主题公园过渡，从主题公园又向乡

"郝堂茶人家"项目
郝堂村位于河南省信阳市平桥区五里店办事处。绿十字组织总结近十年来乡村建设的经验,与当地政府合作,一起精心策划了郝堂村的乡村建设、生态修复和系统营造方案。在这个以信阳毛尖而闻名的茶乡,建造了一个茶文化体验区。无论是新房设计还是旧房改造,都能够看出豫南建筑的风格特色。

村田野发展。同时人们也开始从虚拟的景区向真实的生活与自然环境过渡，这种过渡的特点是公园—主题公园—过度商业化的景点（丽江、周庄、798等）—有温度的乡村。随着这种发展轨迹逐步演绎，嗅觉灵敏的房地产商人把目光又瞄向原生态自然区。

度假地产，原本概念很好，可是如果是由没有文化的地产商来经营，自然就是没有文化，而且更多的是假文化的再现。

理由是现在做度假地产的老板都是做了几十年的建筑老板，但看到今天的城市建筑，再回首看看我们的新农村，就可以想象未来的度假地会是什么样？

什么地中海风景、红磨坊、欧洲风景，或者是不中不西的杂种建筑，让今天的中国人既没有感觉到是欧洲，更没有感觉到自己是在中国。

没有文化就如同丧家之犬。什么意思呢？狗最为忠实，主人死了，狗是最可怜的。今天的中国人就是这样，信仰找不到，文化没有了，环境是外国的，关键还是山寨的，就连度假这样修身养性的事情都变得不真实了。

我喜欢度假，但更喜欢古人陶渊明的桃花源、孟浩然的鹿门寺、李白的秦人家。我喜欢体验真山真水的自然之情，我们更需要一种以度假的形式洗脱城市文化中的虚伪与自私。

愿度假不是度假，让度假地产不再践踏中国大地上仅存的一点点的文明基因。

中国人的度假度的不仅仅是消费，而是修身养性，是天人合一，是远离乡村与自然之后，重新踏上一条回到外婆家的路。

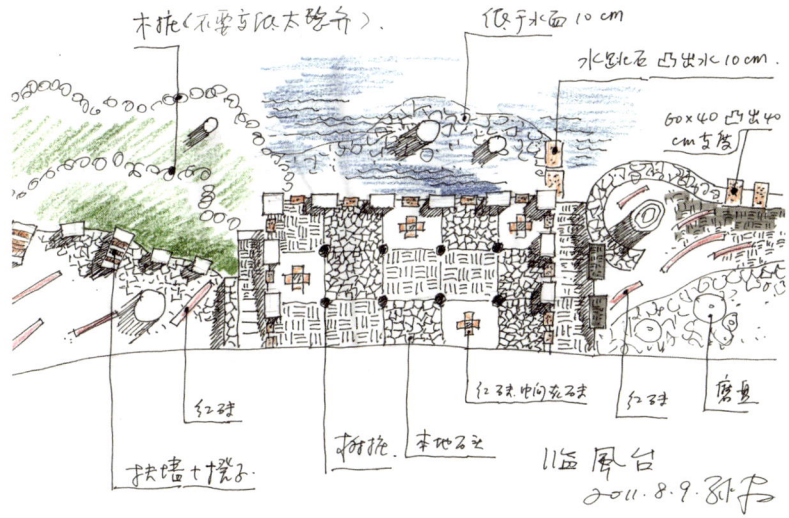

孙君设计的精致小型水坝，雪天时，只是一个景观，春天再来，村民们在水上洗菜淘米，增添了江南水乡般的生活气息。

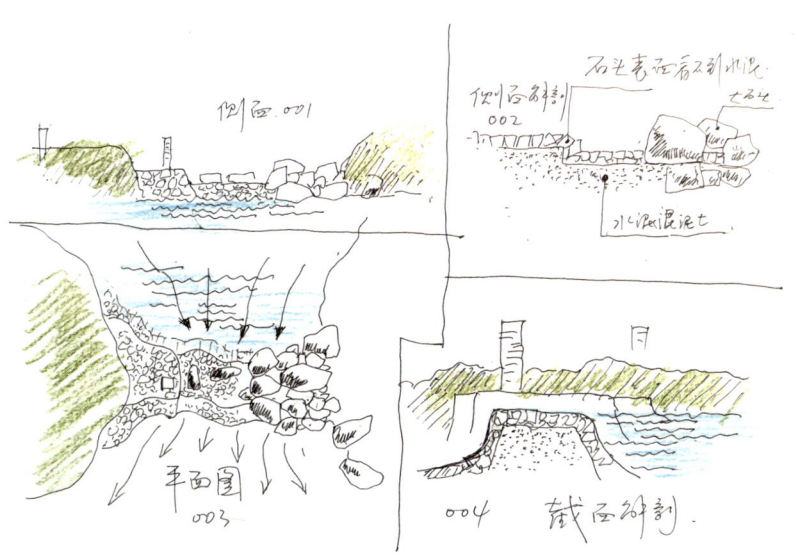

TENT HOTEL, BRING THE VACATION EXPERIENCE TO THE NEW TERRITORY

帐篷酒店，度假新境界

AIM 竞赛组委会

AIM 竞赛组委会

AIM 竞赛组委会由主席王旭先生带领，集合了一批优秀的设计师、品牌策划专家、公关专家以及年轻志愿者。在五年的成长过程中积累了丰富的策划管理经验，并成功实践了"竞赛策划—运营管理—活动执行—书籍出版"等系列活动理念。每一年，都有新的成员加入 AIM 组委会，其中也包括院校老师、出版商、媒体等，多专业配备融为一体，使我们能够针对项目的需求提供更加完善和全面的解决方案。AIM 组委会凝结了成员们的团体智慧，并致力于通过严密的流程管理和灵活的决策过程，在指定期限和资金预算范围内提供最优化策划方案。

2014年，已经运转五年的AIM国际竞赛平台与传奇旅游一起向全球设计师发布了"帐篷酒店"这一竞赛主题，赢得了来自30多个国家，上千个团队的热烈响应。

帐篷酒店作为未来度假地产的一种全新产品模式，低碳环保，提倡少即是多的理念，启发人们以更亲密的方式去接近自然、融入自然。帐篷酒店便于移动，不会对场地造成永久性破坏，同时所有的基础设施、水电工程都能以极简单环保的方式进行，因而可以在环境保护区域进行搭建，不占用可建设用地指标，达成商业与自然共赢的模式。

传奇旅游选择了北京八达岭、南岳衡山、长白山这三个地点作为帐篷酒店的搭建地。

其中八达岭地段位于八达岭长城下岔道古城一侧的山坡地，视野开阔，可以远眺八达岭长城和最原始的土边长城，散发着原始和豪迈的气息。

而衡山的场地则位于原有的一片茶园坡地，四季湿润，雾气昭昭，充满着田园诗意。

长白山场地位于北麓，一片美人松林中，映衬着大自然的郁郁生机！

这三块场地的共同点都是不允许建设常规建筑。借由此次竞赛，来自世界各地的设计师们给出了他们天马行空的回应：有的像鸟儿于林间筑巢，在空中架起廊桥；有的如同蚕儿制茧，在山林间吐丝话桑麻；有的运用当地竹材、油纸与夯土，搭建起与自然共生的生态系统；有的如热气球，造型轻盈可以漂浮在世界的各个角落。

设计师们的奇思妙想给我们带来了多方面的惊喜。首先在度假地产项目启动前夕，声势先行，为传奇旅游品牌在帐篷酒店领域占据先机。通过竞赛实施这类推广的成本与传统宣传模式相比性价比要低廉很多，并且创造了很多相关的讨论与传播。

其次在产品方面，通过竞赛征集到的大量设计方案不仅提供了优秀的设计思路，更体现了大众对于帐篷酒店的产品需求，让年轻人展示出他们自己所需要的空间形态和生活方式，对于酒店品牌来讲，还有什么方式比这个能更迅速、便捷地获取第一手资讯呢。

最后也是最重要的，通过这次竞赛挖掘出一大批有理想、有行动能力的年轻团队，他们将会成为这类度假地产产品的最佳创业团队。这对于关注内容的度假地产平台来说是不可多得的财富。

从商业策划层面，我们也根据帐篷酒店的特性提出了"动产"这一概念，主要是针对"不动产"的说法，动产作为不需要占用可建设用地的产品，出售给人们的是地面上的可移动构筑物，比如帐篷、木屋等，以及该构筑物下面所占有土地的租用权。在业态配置得当的情况下，服务配套设施、演出、餐饮、娱乐体系与帐篷酒店同时搭建，那么这些总价不高的动产同样会得到客人们的青睐，毕竟以相对较低的成本获得一套度假屋，而又不必像购买不动产那样思前想后，但同样达到了度假休闲的目的，何乐而不为呢。另外，因为从一开始客户就理解这个产品是可移动的，不会过于在意长期维护及升值问题，反而让购买更加从容和迫切。

帐篷酒店产品在未来的开发过程中，不再以土地和传统地产形式为依托，而更加着眼于生活方式的打造。这种差异化的形成，以及人与自然和谐相处的环保理念，相信会为更多度假地产项目带来新的活力！

传奇帐篷酒店奖——董笑笑

本案位于湖南衡山县南山村，基于衡山地区特有的宗教文化环境以及中国南方地区的地域特点，设计方案致力于将酒店打造成"隐居"、"灵修打坐"为主题的奢华帐篷会馆，为酒店的客人提供一个远离都市喧嚣，免受外界俗物打扰，静心禅修和悟道的悠然天地。方案主要致力于从四个方面构想"灵修"帐篷酒店：

1. 服务和运营方式上，采用会员制和 VIP 制，入住旅客需通过网络预订并全额付款，在预订系统上选择帐篷客房在基地上的位置、自己喜欢的植物、动物，从而使酒店为每位旅客建造独一无二的帐篷客房。
2. 旅客在酒店内以灵修打坐为主要生活方式。
3. 作为灵修生活方式的一部分，酒店致力于经营生态务农场所，发展基于本地动植物体系，具有完整食物链的自给式生态农场。
4. 设计"肆能帐篷"，即可移植、可折叠、可适应和可回收。

传奇绿色生态奖——李昱辰、Marta Chaloupkova、周航宁

基地位于北京八达岭长城脚下，本案将酒店的生态、自然、便捷作为出发点，以"绿色的生活方式"为核心，着重强调人与自然的互动，并把自然的变化融入生活方式的变化中。

1. 酒店的设计致力于顺应环境地形拓展帐篷帷幕下的活动空间，创造出独树一帜的空间氛围。
2. 设计采用"半地下"的方式把酒店嵌入山体中，随着北京的四季变化，使用者根据需要以开启、半开启、封闭帐篷的方式调节室内的微气候，冬季还有为使用者准备的与帐篷结构相结合的火炉。
3. 所有材质皆为生态环保产品，并可反复利用，避免使用混凝土。设计山体中的部分采用两层石材的墙壁抵抗土壤压力及阻隔土壤的湿气，同时在墙壁间留出缝隙使土壤中的水可排出。地板家具采用木结构。帐篷以半透明织布材质为主，避免使用大面积的落地玻璃。地下室的结构采取钢结构，过程中可减少二氧化碳产生。

传奇构造方式奖——Steven Ma

帐篷酒店利用快速成型科技 3D 打印技术的优势，其每一个居住单元都在现场由 3D 打印而成。这样的建造方法让这个帐篷酒店更易移动、便于建造，并且对周边环境不会造成永久性的影响。动感的水纹流线型景观设计采用源于自然的元素——由沙子、砂砾、木屑组合而成的图案为所有居住单元营造出自然的基地。在总体布局中，有三个不同的区域围绕着 22 间特制的帐篷展开。这 22 间帐篷坐落在基地的东北和西南周边部分，既能够得到充足的日照，又能够保护分布于西北方向的大片林木。

HIGH-END HOSPITALITY AND HEALTHCARE FOR AN AGING POPULATION IN CHINA

中国人口老龄化的高端酒店式养生医疗保健服务

廖维武

廖维武，Spada Health Concepts（SHC）董事合伙人，同时兼任香港大学副教授。作为前投资银行家，他是一位（英国和香港）注册建筑师，在英国、亚洲国家、中国内地和香港从事专业城市设计和战略发展顾问。毕业于伦敦 AA 建筑协会学院与伦敦城市大学。他擅长中国战略规划和城市发展项目，专注于人口老龄化酒店式健康养生养老的发展项目。廖维武曾在哈佛大学、纽约哥伦比亚大学、伦敦大学、清华大学和北京大学等做演讲。

负担还是机遇?

十三年前,我决定非常严肃地去研究人口老龄化的问题,在国际上进行了很多访问,与香港政府也有过一些对话。人口抚养比率是一个国际难题,像日本这样的发达国家,抚养比例一直在增高。中国近十几年来因为死亡率下降,医疗情况改善等因素,从 2010 年起,人口抚养比率也开始增高,而且增长速度很快。2040—2050 年间,中国人均寿命可以达到 83 ~ 85 岁,而 65 岁以上人口预估要达到三亿六千万人,这些人在未来 20 多年都需要质量好的被服务,他们在实际生活当中可能会遭遇很多困境。

但与此同时,我们也看到了一些机遇——针对人口老龄化的趋势,整个亚洲在服务、旅游、医疗保健领域出现了一个"银发市场",老年住宅也成为一个专门的开发方向,未来可能会成为中国最有前景的投资领域。人口老龄化是一个不可逆转的趋势,需求一直在增长,但相应的供给却如此之少,所以这里面有很大的机会存在。不过,大家还需要了解一点,中国市场有它的独特性。中国人,包括我自己在内,对于儿女和家庭有独特的文化期待,这也是为什么这个市场到目前为止增长缓慢的一个重要原因。

人口结构变化

在 2030—2040 年间,全球的老龄化人口都在增长,在中国预估会增长到人口 25% 左右,也就是说每四个人里面就有一个人是 60 岁以上老人。现在这个比例在中国不同的地方大概是 12% ~ 16%,在上海已经达到 22%,五年前我在上海做调研时还只有 18%,由此可以看出一线城市该数据增长的速度是非常快的。孩子越来越少,老人越来越多,这就是养生市场的原驱动力。25% 针对于中国的人口基数将会是一个巨大的数字,在这里,每一个人的未来都会成为这个市场中的一部分。

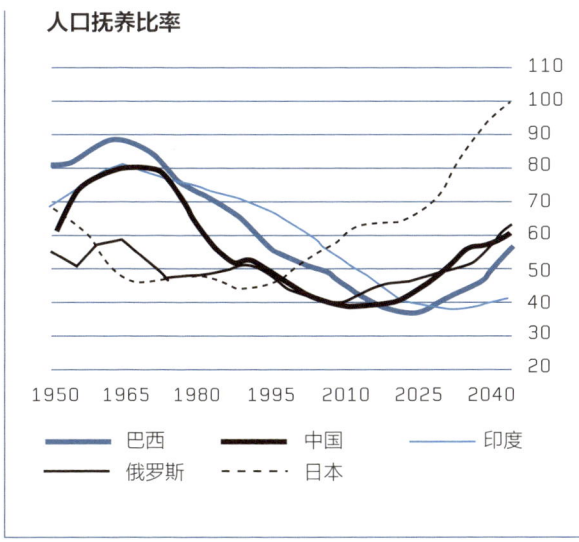

人口抚养比率

资料来源：德意志银行研究部门

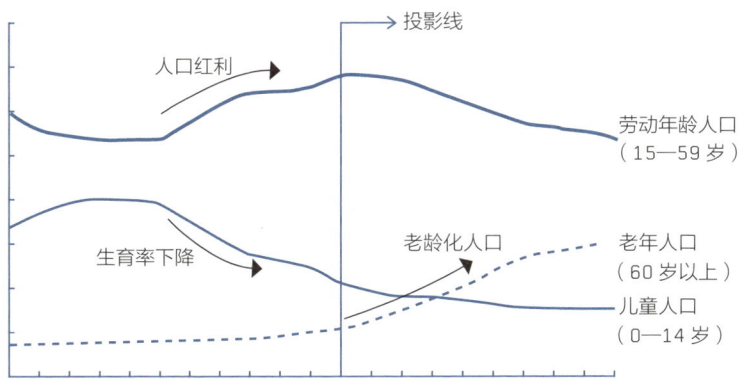

中国人口年龄结构变化

资料来源：世界人口展望，美国，2004

人均寿命延长

现在中国的人均寿命约为 75 岁，随着生活方式、医疗条件、居住条件的改善，2030—2040 年间人均寿命将延长将会超过 83 岁。世界上最极端的人口老龄化例子是日本，在过去的 20 年当中，日本政府和企业做了很多工作来面对人口老龄化的解决，他们甚至已经在谈 100 多岁养老的问题。

收入变化

这是一个非常残酷的现实，没有经济收入就不会有发展。中国的人均收入在过去的十年当中大概增长了 400%，这是非常大的驱动力。到 2012 年，高资产净值与投资资产超过人民币 1000 万元的人士在中国已远远超过 70 万人，而且还在以每年 20% 的比例快速增长。而 SHC 所面对的就是中国这 5% 的高端老年人客户。

生活方式变化

2008 年奥林匹克运动会之后每个人都追求更好的生活，更好的城市，这些对于人们到底意味着什么呢？我想更好的生活并不是指你有什么，而是你去哪里旅游，你吃的是什么，是不是安全健康，有怎样的休闲活动，是不是在一个文明的、有文化的环境当中。但现在这个市场当中最缺失的就是优质服务，这也是 SHC 创立的起因，我们是服务运营商，不是开发商，我们通过提供服务来对应长期的风险。让人们保持健康的不只是医药，而是知识和健康生活方式。研究表明如果成人的大脑一直在活动，能够持续地、活跃地运用大脑，那么他将会度过一个更长、更幸福快乐的人生，所以保持一生的学习很重要。

养生带来的消费观变化

老年人需要好的环境、健康的生活方式来充分的养生。这已经不是一个新理

全球人口老龄化比例

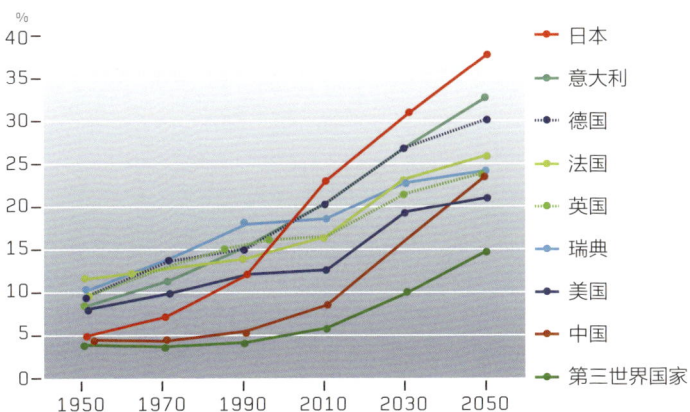

资料来源：NEC，日本，2013

世界人口寿命

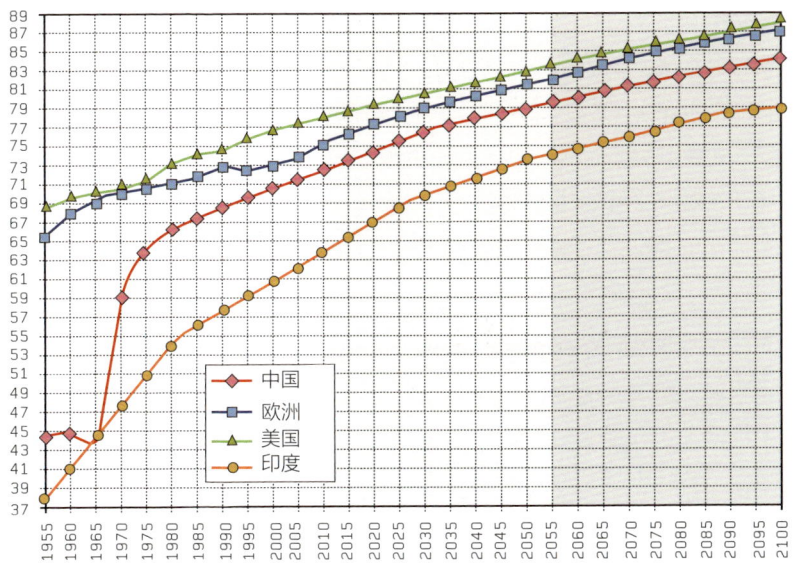

资源来源：路透社

念了,在海外特别是北欧国家已经流传了很多年,也涵盖了很多内容,比如退休了之后去哪里过退休生活,要看环境、可居住性指标、医疗保健支持性、生活服务设施的便利程度,等等。其中医疗保健领域每年会有 20% 的消费增长幅度,而我们是可以参与其中的。

中国富有的老年人住在哪里?

在中国的四川、云南、广东等地区,都有很多环境优美、适合人们退休养生的地方。地方政府已经批准了相关政策,允许外资企业进驻到中国的健康老年社区、养生文化等市场,而且有更多的私营企业也可以投入这些项目的发展,事实上,北京上海等一线城市已经有大量老年人正在等着这些项目开发成功去享受,所以整个市场潜力非常大。

服务模式

我们对客户承诺的,是给他们提供全方位的老年生活环境和服务。现在暂时还没有准入标准,通常提前退休 55 岁开始就可以选择我们 SHC 的生活环境服务了:如果身体情况不好,就需要进入到医疗保健系统,但其实这个行业更多的要去关注那些还不需要每天躺在床上养病,但是退休了有很多时间并要求生活服务的人。服务模式包含很多方面,包括提供高质量的医疗保健、设计适合老年人的酒店服务住宅单元、家庭式社区环境等,不仅要重视硬件供应,更要重视软件服务,客户需要在这里享受天伦之乐 20 ~ 30 年之久,所以服务与环境一定要保障客户的尊严和幸福感。

运营模式

SHC 与地产开发商合作一起开发地产项目,和中国的三甲医院合作建立医疗机构,我们更像是一个服务整合商,一方面促成建筑硬件的建设,另一方面也

财富与地理位置

哈尔滨: 30 / 450↑ / 8 500	苏州: 80↑ / 1 100↑ / 20 000↑	东莞: 90 / 900↑ / 18 000↑
沈阳: 20↑ / 650 / 8 800	上海: 600 / 8 200 / 140 000	深圳: 820↑ / 3 400↑ / 52 000
大连: 50 / 850↑ / 12 500	杭州: 400 / 2 900 / 53 000	成都: 150↑ / 850↑ / 15 000
天津: 110↑ / 1 250 / 17 100	宁波: 170↑ / 1 200↑ / 20 000↑	重庆: 110 / 800↑ / 12 500↑
北京: 830↑ / 10 500↑ / 179 000	温州: 160 / 2 400 / 22 500	武汉: 60 / 450↑ / 7 500↑
威海: 20 / 150↑ / 2 500↑	福州: 80 / 650 / 13 000	西安: 30 / 300↑ / 7 000↑
青岛: 50 / 680 / 12 500	厦门: 80 / 700 / 12 500	呼和浩特: 20 / 180 / 3 200
南京: 130 / 1 900 / 24 200	广州: 280 / 4 100↑ / 55 000↑	鄂尔多斯: 120 / 230 / 4 000

人民币十亿（人数）　　人民币一亿（人数）　　人民币一千万（人数）

有长期的承诺提供客户服务体验。我们还有非常好的国际合作伙伴提供相关的医疗专业服务，有专门的金融理财方面的运营团队。

员工培训

我们要关照的是人生最后 30 年的整个老年阶段，不是只关注其中的某一个时段，所以工作人员的专业程度也是非常重要的。SHC 在中国会建立老年护理酒店式管理员工培训学院，并且从香港引入一些人才和民政部合作进行内地人员的培训，课程与大学课程涵接，教授国际医疗机构课程，培育中国本土的酒店式老年护理员工。培训学院将会通过国家标准评审，符合国际水平。事实上，工作人员是需要经过培训之后才可以上岗，才能照顾好有不同需要的老年人。

土地宜居性和投资标准

地方的宜居性也非常重要，人们在离大自然近的地方生活会更放松。我们不是资产投机者，土地价格不是我们主要的考量因素。城市选点有一系列的标准，其中包括城市地点、土地开发性质、建设成本、市场需求与供应、单位规模及组合、医疗设施、当地政府的支持、融资成本、合作伙伴管理经验、收入计划，等等。只有当满足了相应的标准指标之后，我们才会考虑选择这个地块做运营项目。其中最有挑战的是如何能够得到当地政府的支持，合作者是否真正有足够的从业经验、运作能力、管理经验，这其中任何一个链条断了，这个项目最终就不会有很好的成果。

项目收入方案因素

项目收入有以下几类：服务费性质、补足医疗保健保费、长期生命租约、债券会籍、退休年金保费、反向抵押贷款、出售资产。我已经造访了七个有发达老年人产业不同的国家，发展模式见到了很多，但还没有发现一个"最佳选项"，

中国人均可支配收入

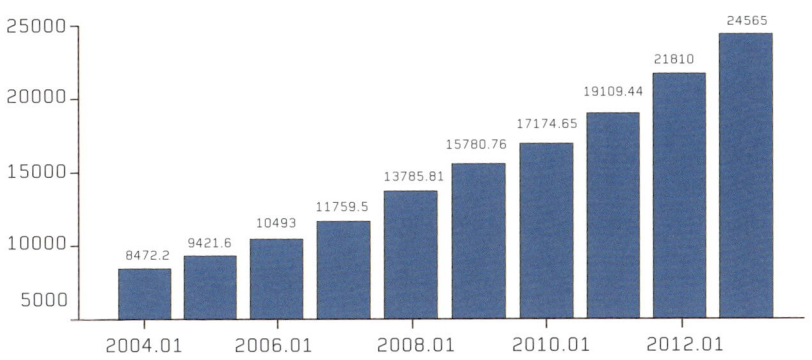

资料来源：中国国家统计局 www.tradingeconmics.com

中国人均消费趋向

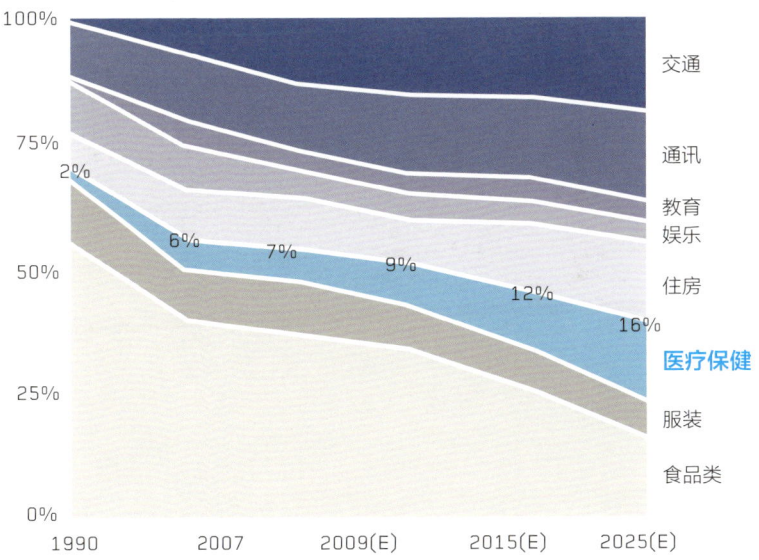

也没有一个完美的保证收益模式。实际的操作过程中是要依赖于客户类别、本地市场的定价水平、运营开支和资本投资。运营开支最大的投入来自于工作人员和医疗费用，假如预测有误的话，利润空间会非常窄。要建立起客户对品牌的信任，需要至少 3 ～ 5 年的时间，而酒店式服务最重要的就是要提供足够质量的服务。

高端全龄混合社区

我们认为最好的社区是有不同年龄段的人合居在一起，这才是可持续发展的方式，社区的氛围很重要。假如这样的社区能真正落成，可以分为年轻版块和老龄版块，随着年龄的增长，再慢慢从年轻人社区移到老年社区那边，这样在其中生活的人，每天的生活方式也会比较多样，祖孙几代同堂，互相之间会有互动，中国比较大的开发商也正在考量这样的模式。

高端酒店式养生医疗保健服务对生活环境要求很高，提倡健康安全，能够提供医疗保障，促进良好的生活方式，让朋友和家人融合在一起，并且能提供高质量的服务。SHC 推的不是地产，而是生活方式，是安心与幸福，是能接收得到的健康养生养老服务，我们希望有更多的中国退休人士可以加入到这个酒店式健康养老服务系统里面。

本文根据作者在 2013 年 SMART 大会演讲内容整理而成

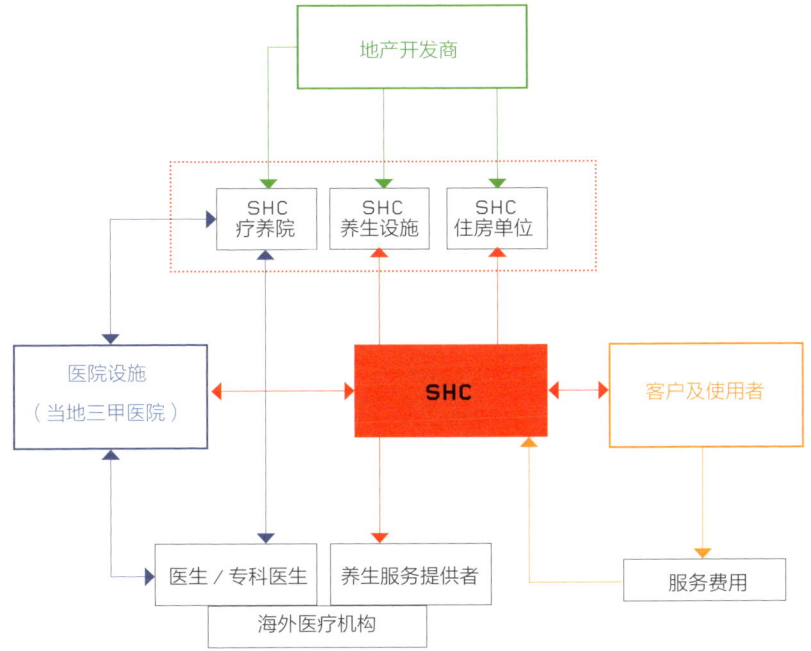

SHC 营运模式

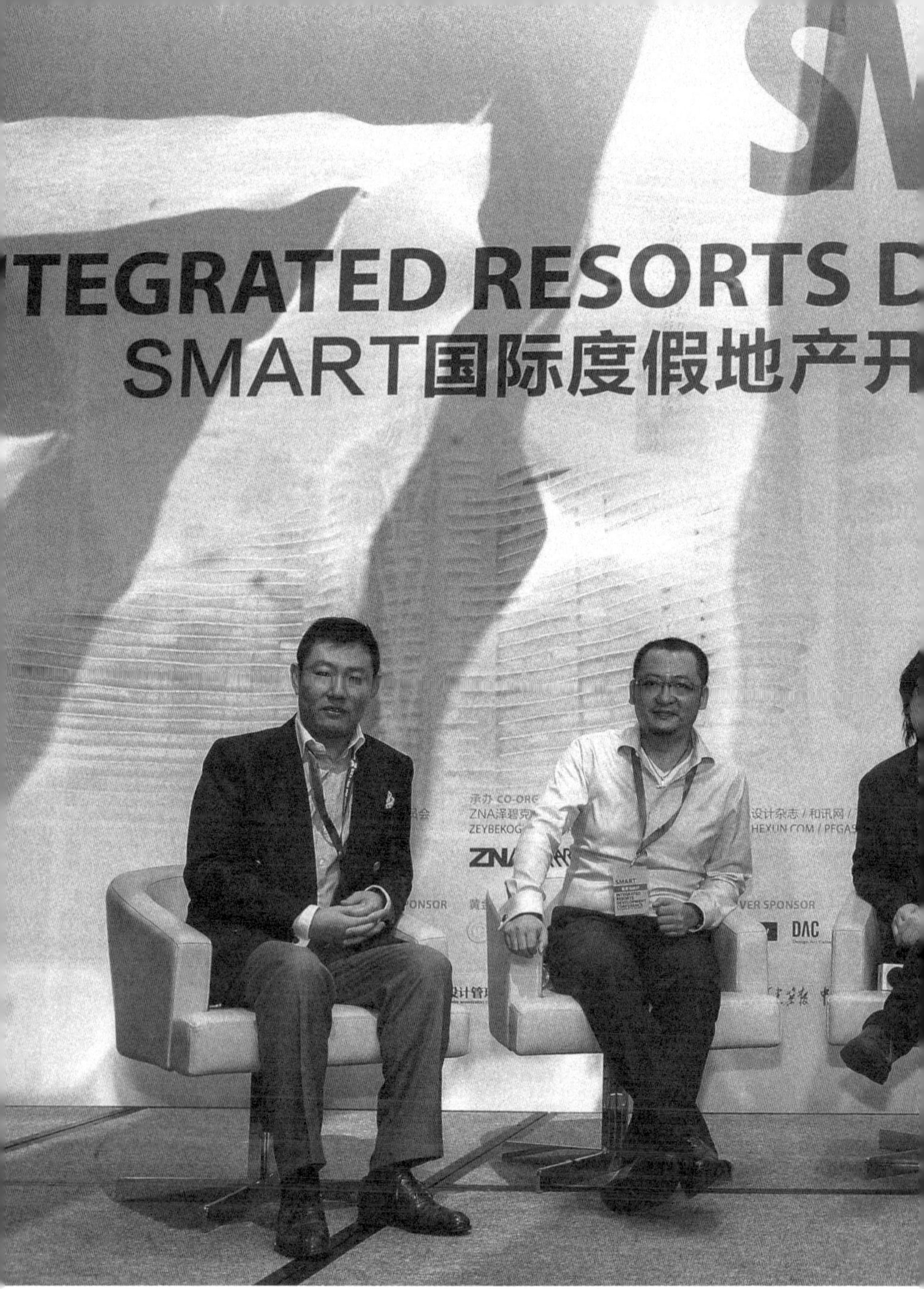
TEGRATED RESORTS D
SMART国际度假地产开

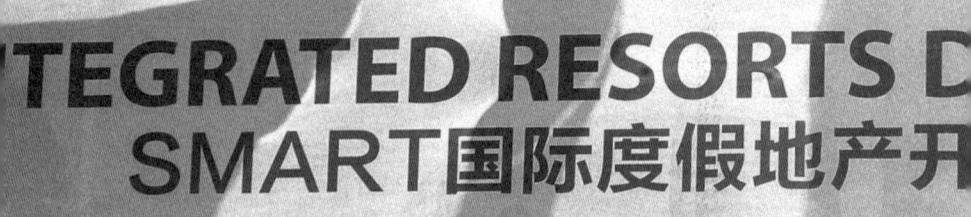

CONVERSATION: DESIGNING SUPPORT TO HOTEL BRANDS

对话：设计与酒店品牌的对接

时间
2013 年 8 月 24 日 11：00
地点
2013 首届 SMART 大会现场
主持人
王旭，SMART 度假地产专家委员会秘书长
嘉宾
李浩江，浩睿（英国）精品奢华酒店管理公司大中华区总裁
黄骥，铂涛菲诺酒店全球总裁
胡伟坚，香港郑中设计事务所（CCD）有限公司副总裁
袁松亭，笛东联合总裁兼首席设计师

王旭_

今天这个对话环节请到的是两位酒店管理品牌的资深人士和两位设计界非常优秀的设计师：李浩江、黄骥、胡伟坚和袁松亭。从阵容上大家可以看出，我们的对话将围绕酒店管理品牌，以及设计如何与品牌对接的问题。现在我们开门见山，先请问一下浩江，您作为奢华酒店品牌的老总，能不能给在座的设计师们和酒店行业的从业人员分享一下奢华的理念，以及您对设计师有什么期待和标准。

李浩江_

昨天的会议上我了解到很多大型项目，但我们有点另类，我们的关注点一直放在小众身上，不太注重项目体量大小，但是对品质要求很高。我们在全球有530多家酒店，没有一家重复，每家酒店都有鲜明的个性和非常高端的定位。回应主持人提出的问题，在设计领域我们有非常高的期待，跟设计团队的合作也非常紧密。因为在精品奢华酒店的操作方式中，我们需要把整个酒店的设计风格和主题理念融入到酒店的运行中，而不是分开的。

王旭_

SLH品牌也是我非常喜欢的品牌，不仅是从住的角度，而是它会挑战许多品牌不愿意面对的困难。比如酒店位置如果距城市太遥远，荒山野岭，其他酒店品牌可能就会放弃了，但SLH会说这就是我们要的地方。他们面向高端客人，所以需求更高，标准也更高，这意味着在设计上，以及在创意方面，一定要有超出常规的判断，做有差异性的定位。

下面请问胡伟坚先生，可否与我们分享一下，您从事室内设计这么多年，对酒店的设计以及如何和管理公司对接有哪些心得体会，请您给我们在座的年轻设计师一些建议。

胡伟坚_

其实各个品牌的酒店管理公司有它不同的侧重点，但是本质的核心价值是一致的，那就是对客人提供优质服务。我们的设计应该为酒店管理者提供高效的服务平台，所以解决功能问题在设计中最基本，也是最核心的，至于风格方面，则要依据不同的品牌定位，不同的地域有所不同。

这其中还有一个关键点，设计师本身要有很好的生活经验，才能够替客人着想，把感受落实到每一个酒店里。

 王旭_

我还有进一步细化的问题，CCD近些年的设计几乎覆盖所有大品牌，在室内设计行业非常有影响力。您作为总舵主，是怎样帮助团队细分每一个酒店品牌，从而设计风格做定位的呢？

 胡伟坚_

这几年公司能健康的发展，要感谢包括业主和管理公司在内的所有人的支持。CCD本身有一个突破，中国的酒店设计师可以独立完成酒店的室内设计，之前这部分工作基本上都是被境外公司垄断的。我们希望能够建立一个平台，把一些好的国际经验带回国内，让中国的设计师能够发挥他们的聪明才智，有发展的空间。具体的做法有很多，我们会针对每个不同的品牌建立特别的团队，比如说我们跟喜达屋定期会谈，把工作中碰到的具体问题提出来。洲际的华谊酒店在创立品牌之初向我们做了很多的咨询，把一些新的想法放到他们的品牌里。这是一个很好的互动，可以参与整个酒店的发展进程。

 王旭_

谢谢。

下一个问题给铂涛菲诺的黄总，现在是不是中国品牌崛起的时机？也请您跟我们分享一下在品牌理念上对设计师有哪些需求？。

 黄骥_

多年前，我还是七天连锁酒店的创始人之一，2010年开始淡出七天，现在做的铂涛菲诺酒店跟七天没有太大的联系。铂涛菲诺是一个合资公司，因为红杉资本和英联投资十分看好中国酒店市场，他们作为发起人邀请我一起做了这个品牌。铂涛菲诺定位走高端奢华路线，昨天入住康莱德之后，我发现我们的房间设计格局跟康莱德非常相似，不过我们酒店在功能概念上做了些调整，推行"超级客房"理念。我们推出的酒店可能不会配套大型的宴会厅、甚至游泳池等等，主要关注客房层面，调整房间的材质、布局，加入一些好的音响视频、智能化的设备、APP 插件等，这可能就是我们与现在的五星级酒店差异化的地方。与世界十大品牌不同，铂涛菲诺确实源自于中国。从国家大环境来讲，现阶段我们处于从中国制造到中国智造，或者说中国创造的历史阶段。我们也希望凭借一己之力，推出源自于中国、立足世界的品牌。

我们希望除了在硬件上满足消费者的需求之外，还能在心灵上与他们产生情感共鸣。比如我们在贵州省考察一个项目，它目前是一片山谷，很幽静，是野营者的栖息之地。我们打算在那里修建一种类似于《非诚勿扰2》中葛优住的悬崖边上的小木屋，返璞归真，保持自然，但同时又具有某种奢华。我们希望以更有创造力的方式来做品牌，也想通过这个机会唤醒更多的业界同仁，中国创造是一个历史的必然趋势。

 王旭_

如果年轻设计师能够跟随您的理想应该会有一些非常精彩的中国创造、中国创意出来的。

最后想问一下袁总，笛东联合是势头很猛的景观公司，您本人在度假地产领域无论是规划还是景观方面都是非常资深的专家。我想请教您规划师和景观设计师在度假地产品牌塑造方面处于什么位置？能够起到什么样的作用？

 袁松亭_

这个问题比较难回答。昨天上午听到张宝全张总的演讲，他把设计师和业主的关系比喻成导演和设计师的关系，但是同时他也非常肯定设计师在运行当中的作用，他说，如果设计没有做好，运行肯定不好。我非常认可这个说法。

我认为设计师、规划师、建筑师、景观设计师在项目整体运作过程中不可或缺。今天的设计有所延展，已经不是一个狭义上的概念，不再是拿着订单让业主告诉我怎么做的过程。做设计的时候首先要明白业主运作的基本规律，项目希望的愿景是什么，之后规划师才会逐步进入他的工作流程当中来。度假地产实际上要打造的是一种穿越感，是梦想中的场景，会给你惊喜，跟你的生活场景有区别。

沟通过程中慢慢形成实体。但是对于设计师来说，我们与酒店管理方感觉不太一样，比如有些品牌是号称他们每家酒店都不一样，100家酒店有100个样子，但我们会觉得这100家酒店内在的精神是一样的，比如是环境优势最大化，或者以文化为根本等等。设计师如果能抓住这些核心的东西，那么每一个项目都会带来惊喜。我觉得这就是设计的力量，设计的价值。

 王旭_

谢谢袁总。所以神比形更重要。

下面有请观众提问。

 观众一_

谢谢主持人，谢谢嘉宾。我是立和空间的室内设计师贾立。

甲方或者说酒店方，通常很喜欢有设计感的方案，但同时也很害怕设计感，因为在成本上容易控制不住。大型的城市酒店通常会有标准化、模式化的设计，对成本的控制较为严格。但是一些新型的度假酒店、精品酒店,更强调彰显个性,我的问题是这类酒店有哪些在设计范畴之内可以进行标准化?谢谢。

李浩江_

我先分享一下SLH/LHP集团在设计上的一些看法。我们集团更注重设计,同时投资人也不太着急。为什么呢?因为你投资我来管理,只有你挣钱,管理公司才能挣钱,管理公司的品牌也越来越值钱。具体到设计上,就像刚才袁总讲到的,我们每一个品牌有500多家酒店,形式上不同,位置是一样的,客户群也是一样的,全是服务于非常小众的群体,而整个酒店的设计就要按照这个群体的需要来设计。设计能否跟酒店运行相结合,是我们最看重的。

胡伟坚_

个性和标准化并不完全矛盾,关键是怎么找到平衡点。明确酒店的定位、投资,在这些基础上的想法才是真实的想法。如果是天马行空,根本不可能实现,那就没有意义。

设计也会有很多经验积累下来,比如说客房,如果量大、重复比较多,肯定对整个预算的控制有很大的作用。所以客房的每个地方都要精打细算,这样就能够对整个项目控制起到关键性的作用。然后再把某些设计点放在大堂或者餐厅里,设计就能出彩。现在很讲究酒店体验,但是也不需要从里到外都是离奇古怪的东西,更多的要求是舒适性,再有一点点惊喜就足够了。

观众二_

我想问一点实际的问题。

第一个问题,精品酒店是否完全依赖于自然环境?在城市中心有没有可能做?

第二,房价在3 000元/平方米以上的时候,客群是国内居多还是国外居多?因为我们的经验是,国内的和国外的客户对品牌的忠诚度不一样,国内的高端客群,喜欢更多的体验，可能会在同类型几个品牌中换来换去。各位有没有实际的针对这类群体的应对措施？

第三，所谓奢侈是不是一定等于昂贵？从投资角度来看，一般是有预算限制的，一个房价下有一个综合成本的大概区间，请问您所谓的奢侈具体到什么量级？

 李浩江

针对第一个问题，我们集团的500多家酒店不都是在城市中心的，在英国欧洲也有很多欧式庄园，环境的差异性很大。

目前来讲，酒店定位的客户群是中国人还是外国人，要取决于这家酒店的目标市场，也就是你的愿景，是定位在中国人还是外国人。

最后是成本问题，我们认为少数人能够享受到的才是奢华，不是钱来衡量的。当然也不能违反经济规律来完成这个任务。我们在武汉的酒店主题是中国当代艺术，我们就要求酒店大堂刷白墙就可以，更宜于展现艺术家的作品。这些都取决于整体的创意和定位。

 黄骥

我非常欣赏浩江的观点，但也有一些不同的看法。浩江提到奢华是服务于少数人的，但是我们认为奢华更应该属于大众，对奢华的理解不应该只是从硬件配套、价格水平来衡量。还有一种奢华叫精神上的奢华，这一点对于中国国民并不遥远。为什么铂涛菲诺不是打造精品奢华，而是打造超级客房呢？我们在成本控制上做了很多的减法，游泳池、大型宴会厅、功能厅被取消了，可以让酒店的成本急剧下降，从而让客房的服务水平提高，哪怕是中产阶级或者是白领阶层能够享受得起这些服务，从而让奢华服务大众。另外我们提倡精神上的奢华和享受，要拨动消费者心里最柔软的部分。我们的产品目标就是可以服务中国大众的，买得起的奢侈品。

SMART INTEGRATED RESORT DEVELOPMENT FULL LIFE CYCLE SYSTEM

教育 + 培训
Training & Education

SMART
度假地产全生命周期

THE VALUE OF HUMAN CAPITAL INVESTMENT (HCI) IN HOTELS/RESORTS

人力资本投资在酒店和度假村中的价值

Catherine NG

Catherine NG，澳大利亚博士山学院（Box Hill Institute）国际项目与跨国交付总监。她在过去的 22 年中在上市 / 私人企业、政府和政府企业担任高级职位，拥有酒店、旅游和会展管理行业的丰富经验，为世界各地的国际酒店集团和政府机构主持劳动力、人力资本战略发展和咨询项目，其中包括为东盟地区和沙特阿拉伯王国建立国际酒店和旅游培训标准；设计、开发和实施神秘顾客项目；酒店开业前模拟活动和培训；卓越的顾客服务，以及酒店和旅游业专业人士的技能审核和认证。

人力资源究竟是战略性的资产,还是只是一项开支呢?

我与很多中国企业家交流的时候,他们说本公司根本没有人力资源投资的预算。其实已经有很多的调研,确认了核心员工和中心客户跟企业的盈利和发展的增长性有很大关系。2007年,有一个美国的调研公司开发了一个新的标准——客人的体验指数(Customer Experience Index,简称CXI),这个体验指数把调研分成12个不同的行业领域,其中包括酒店和度假村。他们进行了五年的调研跟踪,把客人的指数跟公司的回报做了一个比较,发现体验指数高的公司比低的公司回报率要高得多,最高达到18%。回过头来看一看我们中国的酒店行业,回报率在4%左右,他们的回报为什么那么低呢?

调查同样显示,客人体验指数比较低的公司,如果他们能够提升到高于半均值,收入会增长6%。所以我们现在要考虑一下,人力资源服务对于酒店的收益究竟有什么作用。

首先是员工对公司,对他们的主管经理,对自己工作的满意度的问题。如果员工开心满意,他们就不会轻易跳槽,同时他们的服务的价值会增强,而他们在整个运行中扮演的角色是非常重要的,其次就是中心客户的满意度和忠诚度。中心客人是整个服务框架里重要的一环,直接影响酒店的利益和收入。张宝全先生打比喻说他是导演,客人是演员。我倒觉得客人是演员,也是参与这个活动的一部分;而员工的角色要超过导演,因为他们是一线的直接面对客人的人,所以是非常重要的。

中国人以前把酒店叫做饭店,饭店就是要去吃饭的地方,现在客人的需要远大于此,他们需要的是娱乐,要觉得好玩,也需要轻松、休闲。所以现在的度假产业不是实实在在地建房地产,更要操作的是软件。线上客人的评估结果显示,最好的分数集中在硬件,最差的分数都是打给员工服务的。度假村是美是好,但是住过的客人不会推荐给别人,因为他觉得没有价值。举个例子,一位在越南度假村的客人需要外出办事,打电话叫小车送他下山,因为度假村当时要把客人送到不同的点吃早餐，使他足足等了40分钟，还要一再追问，为什么车还没有来。这位客人一天大约1000美金的房费，他觉得自己并没有享受到应有的服务，即使酒店的硬件再好他也不会满意。

很多老板和经理跟我交流，他们不敢放太多心思在员工身上，因为流动性太大了，可能对方多出100块钱，他就跳走了。我觉得问题不是出在100块身上，问题还是出在公司内部的质量问题上。首先是员工的工作岗位的设计。有时候请人的时候发现某个岗位没有适合的人，于是就随便安排，把一些员工根本不适合的工作交给他，又没有经过培训，他们根本不懂什么是服务，对自己的产品也没有理解，比如你要他介绍一点饮品，他们根本不知道都有哪些。

留住员工是很重要的，我去过一个上海的五星级酒店，他们50%的员工情况是，我要一杯咖啡，要6个员工20分钟才能把咖啡做出来。见习员的工资当然比较低一点，但6个人做一杯咖啡，那个咖啡也一定是亏本的。要留下员工，公司奖励机制很重要，但也不是一定要用钱鼓励他们。有时候称赞员工可能比钱更重要，要让他自己是非常重要的，而且在公司有发展的机会。那他就不会因为能多拿100块就走掉。

我们的项目培训，以及人力资源的顾问工作中，有很大一部分是做主管经理的培训。我们发现有些主管自己也没有动手的能力。最近与一些集团在澳门做开业演示的时候，发现房间不达标。专家叫所有的主管坐在同一个房间，说你们试试看怎么做才能达标，结果只有一位能够达到公司的标准。主管经理要有领导的能力。他们要去聆听，要去看，观察运行的流程有什么问题。他们需要经常与员工探讨，大家有什么地方可以改变，要真真正正地关心他们。关心不是问他们有没有吃饭，还要关心他们将来的发展，他们在这个行业可以发挥的机会是什么。

客人的满意指数可以从回头客的比例等数据来追踪。如果一个酒店要不停地找新的客人是有问题的，找新的客人也需要费用，这个费用不如投在人力资源发展方面。加强服务，培训员工，需要结合酒店、度假村的客源对象的定位需求。

如果是商业酒店，可能就要培训员工处理客人的网络问题，保证 24 小时有服务。重要的客人是不会受到房费影响的，他们愿意留在这家酒店是因为对服务满意，这就是中心客人与普通客人的分别。

  酒店要重视口碑的力量。有调研显示，客户不开心的时候，他会告诉 23 个人不好的体验，好的体验他可能只告诉 10 个人。现在通过在线网站等网络渠道，口碑评价的影响力更大。所以我们在培训的时候，最重要的一点就是告诉员工发生问题的时候怎么去解决。

本文根据作者在 2013 年 SMART 大会的演讲内容整理而成

APPENDIX 附录

附录 1

2013 AIM 竞赛
震后重建彩虹乡村
熊猫故乡四川雅安雪山村村落复兴

2013 AIM:
POST EARTHQUAKE RECONSTRUCTION
YA'AN SICHUAN :
REBUILD PANDA'S HOMETOWN
FROM THE EARTHQUAKE

　　AIM 竞赛与 SMART 智慧平台有着深刻的内在联系。二者虽然是各自操作的独立项目，但其背后理念是互为关联的。一方面 AIM 竞赛可以为 SMART 智慧平台收集创意、扩大视野、挖掘人才。另一方面，AIM 竞赛历年来所关注的议题将 SMART 智慧平台延伸到公益、城市改造、重建生活方式等不同层面，营造出更为广泛的社会影响。

产业模式创新奖
邢鹏威、刘玮、黄俊浩 、李雨龙、仇普钊、罗啸天 、刘畅、吴锦海、吴宛谕

2010年5月，在一群年轻的建筑师对中国目前设计人才现状进行争论的过程中，一个比这个话题更年轻的组织"AIM—建筑师使命"宣告成立。AIM旨在通过竞赛的方式，从年轻设计师中选拔优秀的人才，而更具意义的是，通过这一竞赛活动，希望能唤起更多的青年设计师对设计的热情和投入，对社会责任感和使命感的关照，积极去思考与行动。AIM始终将关注重点放在青年设计师的成长以及随着社会发展，被忽视的弱势建筑群体（如老厂区、工业遗产、乡村等），同时与政府、院校、媒体、公益组织、事务所、设计师、开发商等多方保持着良好的合作关系。

AIM始于北京，是以促进中国青年设计师的发展为起点，但AIM一直坚持以国际化视野操作赛事及搭建平台，使中国的建筑师能够和全世界的同行同台竞技，从而更为客观地评价自己，用更宽的眼域提升自己。竞赛期间，共收到来自全世界五十多个国家和地区的5000多名青年设计师的作品，作品的质量及参赛设计师的专业精神让人备受鼓舞；与此同时，由国际知名高校、事务所及发展商多方组成的评委团队也让这次竞赛的评审过程充满了期待和多元碰撞。今后的AIM，作为一个立志探索行业更高标准，鼓励青年设计师思考，引导从业者发展并为其创造条件的平台，不仅会以竞赛的形式一直延续，同时也会在设计师和高端设计事务所之间建立桥梁，成为优秀设计人才的聚集地和补给站，在填补人才与企业间缺口的同时，也为整个建筑行业在中国的国际化发展逐渐推向一个更高的标准：既有国际视野又有社会责任，既有专业素质又有人文关照的蓬勃力量。

2013年，由加多宝捐赠资金、中国扶贫基金会组织援建，北京绿十字、AIM竞赛组委会和众多青年设计师志愿者走入雅安雪山村，以震后重建乡村村落复兴为主题组织竞赛，收到了全球上千个设计团队的互动响应。

当前随着居民经济收入增长，都市人对休闲类度假的需求日趋强烈，乡村度假旅游近年十分流行，但其产品开发还有很大潜力有待挖掘。围绕都市圈的农家乐是市场主流，以乡村原居民为主，但相对简单、粗糙，我们可称之为乡村旅游1.0版本；企业投资的度假酒店，精美奢华，普通消费者难以企及，通常也不带着当地村民"玩"，我们称之为3.0版本；我们在雪山村看到了另一种可能，我们称之为2.0版本。

它是一种以村民为主导，依靠社会力量支持和带动，以"生态、民宿、体验"为特色的乡村旅游模式。为中等消费水品的消费者提供有品质、体验丰富、价格合理的度假服务。开门见山、空气清新的环境，兼具乡村感和现代品质的居住体验；地方特色美食、探亲访友般的民宿体验，人情味十足，同时主客分离的入户通道也为游客提供更多的私密性；天然的徒步登山资源、村民向导、植物导游，让消费者的活动更加健康有料。这一切，以村民为主体开展，同时引进外部专业力量在公共服务空间做示范带动。这种建设、培训和经营的模式，过程无疑是艰难的，但值得尝试。

背景

2013年4月20日北京时间08:02，距离成都116公里的雅安市芦山县发生了7.0级大地震。地震一直持续到4月22日，期间共发生1815次余震。这是继2008年"5·12"汶川大地震后，四川地区的又一次重创。雅安地震死亡人数近200人，累讲受灾人数38万多人，雅安市的多个县城损毁严重，数以万计的老建筑倒塌。

雅安市宝兴县是世界上第一只被发现的大熊猫的栖息地和第一只大熊猫模式标本产地，是世界自然遗产四川大熊猫栖息地，拥有世界其他地方无法比拟的良好生态系统和丰富资源。

雅安市宝兴县雪山村200年前属于藏区，至今部分居民仍保持藏族生活习惯，同时这里曾发现大熊猫出没，直到现在村民们还会不时得到熊猫的造访，来讨要食物或因生病寻求帮助。低半山村民小组位于海拔1300米至1700米之间，高半山组均处在海拔1600米以上的高山上。当地建筑形态为传统

的川西民居，现存在的问题是：潮湿、采光不足、隔音差。受灾后高半山的村民小组都搬下山住着临时搭建的板房。

AIM 挑战

当前，中国的城镇化发展推进迅速，在过去 30 年的建设中，不同地区丧失了自身的地域特点和性格，一味追随北京、上海等一线城市的发展模式，逐渐形成了千城一面的格局。而在中国的乡村，却因交通不便、现代教育难于普及等原因，很多传统文化与建筑聚落形态却反而得以延续。而随着乡村收入的不断提高，以及进一步的城市化进程，很多具有悠久历史的乡土村落都在飞速地被现代文明扫平。如何在提高村民生活水平的前提下，有效地制定乡村产业规划与建筑改造的策略，使传统文化在精神与实体上得以传承，是我们本届 AIM 竞赛的挑战。

雅安区域震后重建势在必行，AIM 竞赛以雪山村为研究对象，对村落进行重建规划的同时，也提出新的产业模式。雪山村近 100 户村民中会有 25 户改造为乡村度假屋，由专业酒店管理团队为核心管理与销售支持，村民自主运营，每户民宅会由居住和

单体民居改造设计奖
张天翔、谢海、阎晓旭、杨琳

酒店客房两部分构成，可考虑不同入口以确保私密性，以及共享空间使游客可以分享当地人的生活乐趣。与常规商业性度假村不同的是，每一户人家都有自己的故事，自己的生活，游客可以获得原汁原味的乡村度假体验。约 50 户将从事生态养殖行业，为度假村提供有机果蔬，同时让游客有机会体验耕种的乐趣。另外 25 户将从事后勤支持工作，如布草洗涤、设备维护、基础建设等。

参赛团队可以在老村落的基础上改造规划，同时也可以开辟新村，配合老村提出共同发展的设计方案。新村可以将学校、村民活动中心、游客接待中心等不同功能的建筑考虑在内。

传统村落形态与建筑形式和新型产业模式的结合，打造出属于当地的原生态建筑景观，将是我们这次竞赛考量的目标。我们也欣喜地看到各参赛团队在产业布局方面提出了新的想法和布局，共同探讨乡村的历史传承与创新话题！

附录 2

2013 SMART
国际度假地产开发、设计、运营与投融资大会

2013 SMART Integrated Estate Development Conference

SMART 国际度假地产开发、设计、运营与投融资大会作为亚洲度假地产业的行业盛会，旨在搭建一个交互式的智慧地产专业平台，汇集度假地产成功所需的各种智力资源，打造以"智慧设计"为主题的信息、资源、咨询与教育的年度会议。此次大会旨在吸引致力于国际、国内综合度假地产发展的人们，并将建立卓越酒店度假地产所需的全部资源一站式呈现给各位来宾，它将发展为亚洲度假地产业规模大、规格高、覆盖面广、影响深远的行业论坛。

大会核心亮点
一站式课堂
集齐建立卓越度假地产所需的全部资源
S—品牌战略策划
M—市场营销与项目管理
A—艺术、建筑及相关设计
R—产品研发及标准设置
T—培训与运营
以开发专业度假地产为目标
GET SMART！

组织机构

SMART 度假地产专家委员会是由投资人、设计师、管理者、教育者共同组成的成功地产开发模式发展委员会。委员会成立于 2012 年，并于当年获得北京市《首都设计产业提升计划》政府支持项目，被列入到北京市科委科研项目库。为了提倡正确的商业度假地产开发模式，SMART 度假地产专家委员会旨在从战略、管理、设计、研发、教育五个核心因素，组织研究并不断完善 SMART 智慧设计的地产开发模式；搭建 SMART 综合合作平台，将咨询、规划、开发、设计、投融资、施工、教育、娱乐等企业与机构围绕着 SMART 开发系统紧密地联系起来；推广并切实有效的实施 SMART 开发系统，确保大型商业度假地产项目正常有序的进行，最大程度提高项目的成功率；每年将组织一届 SMART 大会，有针对性地组织学术交流、专家咨询、商业推广等活动。

主办方：SMART 度假地产专家委员会
承办方：艾思玛特（北京）国际文化顾问有限公司
战略合作机构：

媒体支持：
搜狐焦点、网易、新浪、凤凰网、和讯、旅游卫视、迈点网、财经、新地产、环球时报、中国房地产报、搜房网、筑龙网、中华建筑报、中国文化报、中国企业家、MARK、FRAME、设计管理、美国室内设计中文版

SMART 度假地产专家委员会执行主席
Steven Hicks

2013 SMART 专委会出席嘉宾

Catherine NG
澳大利亚博士山学院（Box Hill Institute）国际项目与跨国交付总监

Celeste Micaela Loh
the REVpeople 创始人

陈南光
州逸酒店和度假村集团高级发展副总裁

陈宗冰
传奇旅游投资有限公司总裁

Gareth Hardy
Haskoll 中国区设计总监

Grant Horsfield
裸心集团创始人

黄骥
铂涛菲诺酒店全球总裁

海军
设计师、策展人、编辑和研究者

胡伟坚
香港郑中设计事务所合伙人兼副总裁

Ilhan Zeybekoglu
美国 ZNA 建筑事务所董事长

金准
中国社科院旅游研究中心秘书长

李浩江
浩睿（英国）精品奢华酒店管理公司大中华区总裁

李文捷
易肯 ETOWN DESIGN 设计总裁、首席规划师

廖维武
Spada Health Concepts（SHC）董事合伙人、香港大学副教授（兼职）

林美秀
AECOM 旅游规划设计总监

Mark Neem
NEEM and Company 董事

潘小科
万豪国际集团中国区酒店业务发展高级总监

Steven Hicks
新加坡 SHA 酒店管理顾问有限公司总经理

申晨
新浪微博商学院首席讲师

孙君
北京绿十字创始人

王旭
SMART 度假地产专家委员会秘书长，ZNA 泽碧克建筑设计事务所董事，AIM 组委会主席

韦业启
凯达集团董事局成员、大中华区负责人

魏来
早晨创意集团董事长

魏全民
IMG 中国高尔夫总负责人 / 总经理

吴伟
原靳刘高设计北京公司总经理

袁松亭
DDON·笛东联合总裁

张宝全
今典集团董事长

张良
蝶麟服务创始人

周林古
零点研究咨询集团副总裁 / 合伙人，上海零点商业地产研究院院长，飞马旅 COO

SMART 度假地产大会组委会

秘书长： 王旭
副秘书长： 刘扬　刘昕
市场总监： 魏佳
公关总监： 鞠丹
设计总监： 宋志国
视觉顾问： 左奎星
艺术顾问： 詹晨　未山
组委会成员： 安丰霞　刘婷　孙一凡　张译文　周燕